Reprint Publishing

DER FALL DES GENERALSTABSCHEFS REDL

EGON ERWIN KISCH

Im Jahre vor Beginn des Weltkrieges hat der erzwungene Selbstmord des Prager Korps-Generalstabschefs Oberst Alfred Redl und die bald darauf bekannt gewordene Tatsache seiner Spionagetätigkeit beispielloses Aufsehen hervorgerufen, was durch die gespannte europäische Lage politisch und durch den Rang und den Wirkungskreis des Täters kriminalistisch begründet war. Gerüchte, Interpellationen, Beschuldigungen, Verdächtigungen und Kombinationen überstürzten sich bis in den Winter 1914, da sich der Aufmarsch der österreichisch-ungarischen Armee als missglückt entschied. Allein wie es die Tendenz dieses Befehls zu freiwilligem Hinscheiden gewesen war, den monströsen Vorfall lautlos aus der Welt zu schaffen, so hat man auch nachher, als sich dieser Plan schon längst als undurchführbar erwiesen hatte, kein Wort darüber verlautbart, für welche Großmächte der Generalstabsoberst seine Spionage betrieben, was er verraten, wohin er die militärischen Dokumente geliefert, wie viel Geld er dafür bekommen, und wer schließlich den ungeheuerlichen Auftrag gegeben hatte, dass sich ein Mensch selbst zu entleiben habe, wer dieses Harakiri überwachte, und wie sich die Wirkung dieses Vorfalles auf Hof und Wehrmacht äußerte. Ja, selbst über die Entdeckung der Tat und die Überführung des Täters wurden nur Darstellungen bekannt, die einander widersprachen oder die die Wahrheit verschleiern sollten. Dem österreichisch-ungarischen Generalstab, das heißt vor allem dem Evidenzbureau des Generalstabs wurde von den verschiedensten Seiten der Vorwurf gemacht, daran schuld zu sein, dass ein so hochgestellter Militär jahrelang ungehindert das Gewerbe eines Spions auszuüben vermocht hatte und dass durch den Befehl, Selbstmord zu verüben, die volle Aufklärung dieser politisch, militärisch und historisch wichtigen Kriminalaffäre verhindert worden sei. Im Besonderen wurde der damalige Chef des Evidenzbureaus August Urbański von Ostromiecz in diesem Zusammenhang viel genannt. Als nun ein Jahr nach der Aufdeckung des Falles die Nachricht von der Versetzung General Urbańskis in den nichtaktiven Stand durch die Presse ging, war es begreiflich, dass man solcher Art zumindest an ein Verschulden des Evidenzbureaus glauben musste. Feldmarschall-Leutnant Urbański wohnt jetzt in Graz bei der Großmutter seiner Gattin, der Frau Reinighaus, deren Sohn mit der Gattin des Feldmarschalls Conrad von Hötzendorf vermählt gewesen ist. Dort habe ich dem Chef des Evidenzbureaus des Generalstabes nahegelegt, durch eine authentische Darstellung anhand von Aufzeichnungen über den unaufgeklärt gebliebenen Fall Redl, alle Gerüchte zum Verstummen zu bringen, die das Evidenzbureau mit der Affäre in Zusammenhang brachten. Außerdem habe ich aus Gesprächen, Akten und Äußerungen von Beamten, die damals militärisch oder polizeilich in leitenden Stellungen waren, Material gewonnen; außer den Mitteilungen Urbańskis, liegen den nachfolgenden Darstellungen unter anderem Äußerungen vom jetzigen Sektionschef im tschechoslowakischen Ministerium des Innern, Dr. Novak, des jetzigen stellvertretenden Generalauditors der tschechoslowakischen Armee Dr. Vorlicek, des Generalmilitäranwaltes der österreichisch-ungarischen Armee W. Haberditz, des Obersten Emil Seeliger, des emeritierten Auditors Dr. Hans Seliger und des ehemaligen Abgeordneten Adalbert Grafen Sternberg zugrunde. Angesichts der latenten Kriegsgefahr, in welcher Österreich-Ungarn seit der Annexion Bosniens schwebte, musste Urbański, der 1908 das Evidenzbureau des Generalstabes übernommen hatte, bemüht sein, die Kundschafterstelle auszubauen. Unter seinem Vorgänger General von Giesl hatte der damalige Major Alfred Redl die Leitung der Kundschafterstelle innegehabt, welcher die gesamte aktive und passive Spionage Österreich-Ungarns unterstand, das heißt die Organisation der Auskundschaftung fremder Militärverhältnisse und die Abwehr fremder Spionage im Inlande. Das Bureau war kriminalistisch modern organisiert, jeder geheime Besucher wurde im Profil und en face fotografiert, ohne dass er davon wusste, denn in zwei Gemälde, die an der Wand hingen, waren Öffnungen für die Linsen fotografischer Apparate eingeschnitten, die vom Nebenzimmer aus bedient wurden. Ebenso konnten von jedem Besucher Fingerabdrücke hergestellt werden, ohne dass er es ahnte: der Offizier telefonierte und reichte mit der einen Hand dem Besucher oder der Besucherin Zigarrenschachtel oder Bonbonniere hin, die unsichtbar mit Mennige bestreut waren; auch Feuerzeug und Aschenbecher, die der Raucher zu sich heranziehen musste, waren derart präpariert. Lehnte der Besucher sowohl Bonbons wie Zigarren ab, so ließ sich der amtierende Beamte aus dem Zimmer abberufen, – neigte der Gast zur Spionage, so nahm er gewiss den Akt zur Hand, der auf dem Tisch vorbereitet lag und mit dem Vermerk »Geheim! Für reservate Einsichtnahme!« versehen war. Auch dieses Dokument war natürlich mit Seidenpulver bestreut. In einem Kästchen an der Wand, das man wohl für eine Hausapotheke halten mochte, war ein Schallrohr eingebaut, das für den Stenografen im Nebenzimmer als Horchapparat dienen, aber auch den metallenen Stift in Bewegung setzen konnte, der das Gespräch wortgetreu in eine Grammofonplatte einritzte. Jedes reservate Buch oder Aktenfaszikel konnte binnen weniger Sekunden auseinandergeheftet, an die Wand projiziert, seitenweise fotografiert und wieder gebunden werden, sodass es in kürzester Zeit wieder – wie unberührt – an der Stelle war, von wo es »ausgeborgt« worden. Man hatte hier Alben und Kartotheken mit Lichtbildern, Handschriften und Maschinenschriftproben aller spionageverdächtigen Personen Europas, besonders der Spionagezentren in Brüssel, Zürich und Lausanne. Von 1900 bis 1905 hatte der Generalstabsoffizier Alfred Redl als Sachverständiger in allen Wiener Spionageprozessen fungiert: unerbittlich keine mildernden Umstände gelten lassend, das Höchstausmaß der gesetzlichen Strafe fordernd. Im Jahre 1902 hatte er durch sein energisches Auftreten die Verurteilung des ehemaligen Offiziers Alexander von Caric zu viereinhalb Jahren schweren Kerkers, die Verurteilung des internationalen Spions Paul Barstmann und des Italieners Ing. Pietro Contin zu je vier Jahren Kerkers erwirkt. Als Redl im Jahre 1904 bei dem wegen Spionage verhafteten Ergänzungsbezirks-Kommandanten von Lemberg, Major von Wienckowsky, eine Hausdurchsuchung vornahm, verwickelte er das sechsjährige Kind des eben Festgenommenen in ein liebevolles Gespräch, und es gelang ihm auf diese Weise herauszubekommen, wo Papa seine geheimen Briefschaften zu verstecken pflegte. Bemerkenswert für die Gefühllosigkeit Redls ist ein Wiener Vorfall aus diesen Jahren: ein Mann namens Jonasch hatte einem Fotografen die Zeichnung eines Festungsplans zum Fotografieren gegeben. Dies wurde der Polizei gemeldet, und als Jonasch die Bilder abholen wollte, verhaftete man ihn. Er hatte wegen Betruges schon neun Jahre im Kerker gesessen. Bei seiner Verhaftung gab er sofort zu, dass er die Fotografien als Plan der Festung Trient im Ausland verkaufen wollte, doch sei es das gewöhnliche »Schema einer modernen Festung«, das er aus einem allgemein erhältlichen Buche über Fortifikationswesen von einem Maler hatte abzeichnen lassen.

Nachdem sich diese Angabe als richtig erwies, wollte die Polizei den Mann freilassen. Aber Redl, der in allen Spionagesachen vorher befragt werden musste, protestierte dagegen und beharrte darauf, dass Jonasch dem Strafgericht eingeliefert werde: »Ich bitte Sie, was schadet es ihm, wenn er ein paar Wochen Untersuchungshaft absitzt? Und für uns ist es immer besser, wenn wir auf eine große Zahl von Spionagefällen hinweisen können ...« – Der Mann musste auch wirklich fünf Monate im Grauen Hause sitzen, bevor man das Verfahren gegen ihn einstellte. Vielleicht hatte diese Taktik Redls den Erfolg, dass die Spionageabwehr noch stärker organisiert wurde – stärker als selbst Redl ahnen mochte. Denn er war bald darauf als Oberstleutnant zur Truppendienstleistung befohlen worden, wie es für die Laufbahn der Generalstäbler vorgeschrieben war. Nach einem Jahr verlangte General von Giesl, der jetzt als Kommandant des 8. Korps der Prager Garnison vorstand, dass ihm sein ehemaliger Spionagereferent Redl wieder beigegeben werde. Bei den 15 österreichisch-ungarischen Korpskommanden war je eine Generalstabsabteilung etabliert, deren Leiter den Titel eines »Generalstabschefs« führte, während dem Kommandanten des gesamten österreichisch-ungarischen Generalstabskorps der Titel »Chef des K.-u.-k.-Generalstabs« gebührte. Nach langjähriger Dienstleistung in der Residenz wurde nun Redl als Oberst und Generalstabschef nach Prag versetzt. Man brauchte ihn hier, man bedurfte hier des Mannes mit den unterirdischen

Konnexionen. Das Böhmische Staatsrecht, das gegen den Wiener Zentralismus gerichtet war, hatte hier Tausende von Anhängern, der Antimilitaristenprozess gegen die Nationalsozialisten hatte manifestiert, wie diese mächtige Partei gegen die Armee zu arbeiten entschlossen war, die Häupter der tschechischen Panslawisten verkehrten offiziell mit den russischen, serbischen und bulgarischen Regierungen, und zum Sokolkongress, einer offenkundigen Heerschau der zukünftigen tschechischen Armee, waren die Generalstabsquartiere der slawischen Staaten als Gäste angemeldet, jeden Augenblick mussten tschechische Provinzblätter beschlagnahmt werden, weil sie Episoden von der habgierigen Bewirtschaftung und erbarmungslosen Behandlung auf dem Gute Konopischt des Erzherzogs Franz Ferdinand brachten, »Los von Wien«, hieß die offene Parole, hinter der antidynastische Gesinnung und »Hochverrat« arbeiteten. Während nun Redl hier einen militärischen Spitzeldienst zu organisieren hatte, wurden in Wien die Redl'schen Maßnahmen zur Bekämpfung der Spionage in riesenhaften Ausmaßen ausgebaut. So war das Staatsgrundgesetz, mit welchem das Briefgeheimnis gewährleistet war, vom Evidenzbureau im Hinblick auf die immanente Kriegsgefahr via facti aufgehoben worden, die Post wurde überwacht, in einem abgeschlossenen Geheimraum öffnete man täglich an tausend Briefe und leitete dort, wo der Inhalt verdächtig war, Recherchen ein. Die Beamten, die diese ungesetzliche Briefzensur vornahmen, wussten selbst nicht, dass sie in militärischem Auftrage handelten; sie glaubten, ihre Amtshandlung diene vor allem zur Aufdeckung besonderer Zollschwindeleien und des Schmuggels. Von der Überwachung der Privatpost durch dieses »Schwarze Kabinett«, das erst eingerichtet wurde, als Redl schon zur Dienstleistung nach Prag kommandiert worden war, wusste er ebenso wenig, wie sonst ein Mensch in Österreich vor dem Kriege. Mit diesen hemmungslosen Ausgestaltungen der Abwehrmaßnahmen gegen feindliche Ausspähung waren die Spionageprozesse ins Unheimliche gestiegen. Unter anderen wurden auch der russische Militärattaché, ein Oberst Martschenko, und dessen Nachfolger der Spionage überführt. Beide wurden daraufhin abberufen, der erste, nachdem er durch das persönliche Verhalten Kaiser Franz Josefs – dieser brüskierte ihn beim Hofball – davon erfahren hatte, dass seine Geheimtätigkeit aufgedeckt sei.

Im März 1913 waren zwei Briefe als verdächtig geöffnet worden, die postlagernd unter der Chiffre »Opernball 13« beim Hauptpostamt Wien erlagen. Sie waren aus Eydtkuhnen, und enthielten – ohne textlichen Kommentar – Geldbeträge in österreichischer Währung, der eine sechstausend Kronen, der andere achttausend Kronen; keinesfalls war anzunehmen, dass solche Summen poste restante geschickt würden, wenn es sich um rechtmäßiges Gut gehandelt hätte. (Der Gesamtbetrag, der dem Evidenzbureau für Spionagezwecke budgetär zur Verfügung stand, betrug 150000 Kronen jährlich, während der russische Evidenzchef in Warschau jährlich fünf Millionen Rubel für diese Zwecke bekam.) Die Briefadresse war mit Schreibmaschine geschrieben. Es wurden umgehend Maßnahmen ergriffen, sich des Behebers der Briefe zu bemächtigen. Zwei Detektive wurden zu ständiger Dienstleistung in die Polizeiwachtstube des Postamtes entsendet, die durch eine elektrische Klingel mit dem Postschalter verbunden war: auf das Glockenzeichen des Beamten hin, dass die Briefe behoben werden, sollten sie den Übernehmer sicherstellen. Wochen vergingen, Monate. Der Beamte, der die Überwachung der Briefe angeordnet hatte, Polizeichef Dr. Novak, war ins Ministerium transferiert worden und hatte die

Angelegenheit seinem Nachfolger (dem nachmaligen Bundeskanzler Dr. Schober) übergeben. Niemand fragte nach den Briefen, in denen so viel Geld war. Am Abend des 24. Mai 1913, eines Samstags, gegen Schluss der Amtsstunden, weckte plötzlich das Glockensignal die Agenten aus ihrer wochenlangen Ruhe. Bevor sie durch den Durchgang des Postamts vom Fleischmarkt zur Dominikanerkirche, zum Restanteschalter kamen, wo der Beamte mit Langsamkeit, aber doch auch nicht mit auffallender Langsamkeit, der Partei die Briefe mit der »Opernball«-Chiffre ausgehändigt hatte – war der Beheber fort. Sie eilten ihm nach, sie erblickten ihn noch, einen stattlich gebauten Herrn, der die Türe des angekurbelt gebliebenen Autos hinter sich zuschlug. Sie sahen auch den Wagen davonfahren. Es war ein Mietsauto. Ein anderes Auto, das die Verfolgung hätte aufnehmen können, hatten die beiden Detektivs nicht. Was half es ihnen, dass sie die Nummer des Autotaxis hatten lesen können? Was half es ihnen, dass sie am nächsten Tage den Chauffeur würden ausforschen können, woher und wohin der »Ritt« gegangen sei? Der Fremde war doch sicherlich weder von seiner Wohnung gekommen noch in seine Wohnung gefahren! Ein Verbrecher mit solchen Geldsummen steigt auf der Straße aus oder im Café oder vor einem Durchgang, und nimmt dann einen neuen Wagen. Sicher war den beiden Detektivs nur eines: dass gegen sie eine Disziplinaruntersuchung angestrengt werden würde, deren Ausgang nicht zweifelhaft sein konnte. Aber nun begann für sie und die österreichisch-ungarische Wehrmacht eine Kette von unglaublichen Zufällen, »Jägerglück«. Während die beiden Agenten beraten, ob sie auf eigene Faust den Chauffeur noch heute Nacht ausforschen und sich dann im Einvernehmen mit ihm ein Märchen von abenteuerlicher Flucht des Unbekannten ausdenken sollen, oder ob sie nicht doch der Staatspolizei ihr Missgeschick melden müssten, – fährt auf dem Kolowratring ein Mietsauto an ihnen vorbei. Sie lesen die Nummer, – es ist der Wagen, der ihnen vor zwanzig Minuten vom Postamt ihre Beute entführt hat. Sie pfeifen, schreien, laufen. Das Auto hält. Es ist leer. »Wohin haben Sie den Herrn vom Postamt geführt?« – »Ins Café Kaiserhof.« – »Fahren Sie uns sofort ins Café Kaiserhof.« Auf der kurzen Fahrt schnüffeln die Detektivs im Innern des Wagens und finden das Futteral eines Taschenmessers, eine Hülse aus hellgrauem Tuch. Im Café Kaiserhof, wohin sie mit dem Chauffeur eintreten, ist der Fahrgast nicht mehr. Sie eilen zum nächsten Autostand. Ja, ein Herr, der so aussieht, ist eben weggefahren. Wohin? Wir sind in Wien, und dort weiß es einer: der Wasserer. Eigentlich ist er kein Wasserer, denn am Autostand sind keine Fiakerpferde, denen man den Tränkeimer servieren kann, aber er putzt die Karosserien und betätigt sich vornehmlich als Wagentüraufmacher. Der hat natürlich gehört, wohin der gnä' Herr befohlen hat: »Ins Hotel Klomser.« Nach ins Hotel Klomser! Im Foyer wird der Hotelportier ausgeforscht. »Grad' jetzt saan zwaa Herren im

Auto ankommen, Kaufleute saans aus Bulgarien.« – »Und vorher ein Herr allein?« – »Im Auto? Dös waaß i net. Vor einer Viertelstund' is der Herr Oberst Redl kommen. In Zivil war er, dös waaß i. Aber i waaß net, ob er im Auto vorg'fahren is.« Oberst Redl? Den Polizeiagenten flößt der Name Scheu ein. Sie kennen ihn gut. Er hat ihnen keine Sekunde Rast gegönnt, die Notwendigkeit einer Nachtruhe nicht anerkannt, wenn sie seine Treiber waren auf der Jagd nach Spionen. Und wie hat er sein Wild zur Strecke gebracht, wenn er im Gerichtssaal als berufenster Sachverständiger, als Leiter des österreichisch-ungarischen Kundschaftsdienstes die Schuld des angeklagten Spions in das grellste Licht rückte! Wie merkwürdig wäre es, wenn der Beheber der Geldsendungen wirklich ein Spion wäre und nun zufällig im selben Haus, ja vielleicht Wand an Wand mit dem Chef der Spionageabwehr wohnte, in der Höhle des Löwen! Aber zu solchen Kombinationen ist jetzt keine Zeit. Regierungsrat Gayer von der Staatspolizei ist sicherlich durch das Wiener Hauptpostamt bereits davon in Kenntnis gesetzt worden, dass die Briefe behoben sind. Man muss ihm endlich berichten, wie die Verfolgung ausgefallen ist. Auch anfragen, ob der Herr Regierungsrat einverstanden ist, dass Oberst Redl die Untersuchung im Hotel leite – er wohnt nämlich zufällig gerade hier. Jedenfalls muss das Hotel gleich bewacht werden. Während der eine der beiden Agenten zum Telefon geht, spricht der andere mit dem Portier. Er überreicht ihm das Messerfutteral, damit er seine Gäste frage, wem es gehört. Eben kommt ein Herr in Uniform die Stufen vom ersten Stock herab und legt dem Portier den Schlüssel von Zimmer Nummer 1 auf den Tisch. »Haben Herr Oberst das Futteral Ihres Taschenmessers verloren?«, fragt der Portier. »Ja«, antwortet Oberst Redl und steckt das hellgraue Tuchsäckchen gedankenlos in die Tasche, »wo habe ich es denn ...« Plötzlich unterbricht er den Satz. Zuletzt hat er ja sein Taschenmesser benützt, als er auf der Fahrt vom Postamt die Kuverts der Geldbriefe aufgeschnitten hat. Dort hat er die Messerhülse liegen lassen. Er schaut den Mann an, der neben dem Portier steht, und mit anscheinendem Interesse die Briefe durchblättert, die auf dem Tisch liegen. Oberst Redl hat die Frage, wo er das Futteral liegen gelassen habe, nicht zu Ende gesprochen. Oberst Redl ist ganz blass. Er weiß: in wenigen Stunden werde ich tot sein. Er geht auf die Straße. Sieht sich ein wenig um und geht die Herrengasse rechts hinunter. Bevor er an der Ecke beim Café Central ist, schaut er wieder zurück, ob niemand das Hotel verlässt. Niemand. Aber sicherlich kommen ihm die zwei Herren nicht geheuer vor, die aus der Schwemme des Restaurants Klomser treten. Der Eine hat dem Portier nachträglich aufgetragen, die Nummer 12348 aufzurufen, die Geheimnummer der politischen Staatspolizei: »Sagen Sie, dass alles in Ordnung ist, – das Futteral hat dem Herrn Oberst Redl gehört.« Da die beiden Agenten an die Ecke der Strauchgasse kommen, – ist Oberst Redl verschwunden. Weder in der Strauchgasse noch in der

Wallnerstraße ist er zu sehen. Kann er inzwischen den Haarhof erreicht haben, der zur Naglergasse führt? Nein, selbst laufend nicht. Also ist er im Haus der alten Börse verschwunden, das drei Ausgänge hat, zwei durch das Café Central und einen gegen die Freyung zu. Alle Achtung vor einem Manne, der vor zwei Minuten unvermutet entlarvt wurde, der seit zwei Minuten sein Leben verwirkt weiß, und schon die Möglichkeit des Entkommens kaltblütig versucht!

Inzwischen spielt das Telefon vom Hotel Klomser zur Staatspolizei, vom Schottenring zum Stubenring. Dort ist das Evidenzbureau des K.-u.-k.-Generalstabs. Oberst Redl! Die Offiziere der Kundschaftergruppe sind in beispielloser Erregung. Ihr Vorgesetzter, ihr Lehrer, ihr Vorbild, ihr Ratgeber ist es, um den es sich handelt. Hauptmann Ronge, der Nachfolger Redls in der Leitung der Kundschafterstelle, fährt selbst sogleich zur Hauptpost, um den Schalterbeamten zu fragen, wie der Beheber der Briefe ausgesehen habe. Auch ein Zettel ist dort, auf dem die Partei die Chiffre ihres Restante-Briefes aufgeschrieben hat. Inzwischen suchen die anderen Herren im Evidenzbureau die Handschriften Redls hervor. Es ist kein Mangel daran: eine »Anweisung zur Anwerbung und Überprüfung von Kundschaftern, verfasst von Alfred Redl, K.-u.-k.-Hauptmann im Generalstab« ist da, fünfzig Paragrafen lang, ein »Schema für die Beschaffung von Kundschaftermaterial«, »Normen zur Aufdeckung von Spionen im In- und Ausland«, ein dickes Faszikel »Gutachten in den Jahren 1900 bis 1905«. Man bereitet all das auf dem Tische vor. Aber als Hauptmann Ronge vom Postamt kommt, den Zettel in der Hand, »Opernball 13«, bedarf es keiner Schriftvergleichung. Zwar ist das Wort leicht und dünn hingeschrieben, aber von einer ausgesprochenen Verstellung kann keine Rede sein. Es ist die Schrift des Obersten Redl. Die Detektive verfolgen indessen ihr Opfer. In der Passage zur Freyung haben sie den Verschwundenen wieder ausgespäht. Aber auch er hat sie gesehen. Und weiß: dass er zweien nicht entwischen kann. Er zieht Papiere aus der Tasche (wie sich später herausstellte: sehr belastende Papiere, deren er sich ohnedies entledigen muss, wenn er sich verteidigen will) und zerreißt sie. Die Papierschnitzel wirft er in der Passage auf die Erde. Einer der Detektive, nimmt er an, wird sich mit dem Aufklauben der Fetzen aufhalten, und dem anderen kann er vielleicht entkommen. Aber die beiden gehen ihm weiter nach. Auf der Freyung halten sie ein Auto an, und geben dem Chauffeur die Weisung, langsam nachzufahren. Dann erst kehrt der eine Agent in die Passage zurück, sammelt die Schnitzel und bringt sie zur Polizei. Von dort fahren die Papierchen sofort im Auto ins Evidenzbureau, wo sie zusammengestellt werden. Es sind Postbestätigungen, ein Rezepiß über eine Geldsendung an einen Ulanenleutnant Stefan H. und drei Rezepisse über eingeschriebene Briefe nach Brüssel, Warschau und Lausanne – alle drei Adressen sind dem Evidenzbureau als Spionageadressen bekannt. Dass es Spionage für Russland war, die der Adressat der Briefe betrieben hatte, war seit Monaten sicher; denn Eydtkuhnen ist ja deutsch-russische Grenzstation. Da Russland seinen Spionagedienst mit Frankreich gekoppelt betrieb, war die Brüsseler Adresse (eine Expositur französischer Spionage) nicht weiter überraschend. Aber die Lausanner Adresse war die der dortigen italienischen Spionagezentrale. Es muss gehandelt werden. Soll man sofort mit Verhaftung vorgehen? Mit militärischer oder mit polizeilicher Verhaftung? Soll man sofort den Kaiser benachrichtigen? Oder den weiteren Verlauf der Untersuchung abwarten? Dem Verbrecher ermöglichen, dass er sich der irdischen Gerechtigkeit entziehe? Oberst Redl geht über den Tiefen Graben und die Heinrichsgasse zum Franz-Josefs-Kai. Von Zeit zu Zeit sieht er sich um; sein Schatten folgt ihm. Am Kai biegt er nach links ein. Er will wohl in die Brigittenau. Dort ist er heute um vier Uhr nachmittags in seinem Kettenwagen, den er im August 1911 bei Daimler um 18000 Kronen gekauft hatte, aus Prag angekommen. Ein schönes Auto, die Initialen A. R. in Goldbuchstaben verschlungen, auf dem Wagenschlag; der Querstrich des A. ist kein waagerechter Strich, sondern besteht aus zwei schrägen Linien: es sieht wie ein »v« aus. Auch ist eine Krone über dem Monogramm, zwar nur die fünfzackige Bürgerkrone, – aber wer merkt das?

Beim Karosserienmacher Zednicek, auf dem Brigittaplatz, hat er das Auto eingestellt, damit der die Seitenwände des Chassis in den unteren Teilen mit Glanzleder bekleide und das ganze Innere mit bordeauxroter Seide neu tapeziere, binnen vier Tagen soll das Ganze fertig sein, der Herr Oberst will schon Dienstag im restaurierten Wagen nach Prag zurück. Dem Chauffeur hat er den Auftrag gegeben, bei Prowodnik zwei neue Pneumatiks zu kaufen, und dann Dienstag morgens zur Abreise gestellt zu sein. Dann ließ er sich vom Wallensteinplatz ein Mietsauto holen, und fuhr ins Hotel Klomser, wo sein Diener Josef Sladek vom Infanterie-Regiment Nummer 11 schon mittags mit dem Prager Zug eingetroffen war. In dem Hotelzimmer war nachmittags Stefan H. zu Besuch erschienen, ein junger Kavallerieoffizier aus Stockerau, der Geliebte Redls. Eine lange Auseinandersetzung hatte stattgefunden, deren Substrat man später in Briefen Redls finden sollte. Redl hatte in dem Hotel den jungen Freund wieder für sich gewonnen. Um halb sechs Uhr war Leutnant Stefan H. fortgegangen. Zehn Minuten später Redl. Eilig. Er musste aufs Postamt. Das Geld beheben. Monatelang hatte er es aufgeschoben. Jetzt musste es sein. Er wollte seinem Stefan ein Auto kaufen. Mit ihm über Land fahren. »Über Land fahren ...« Und jetzt hastet Redl mit unheimlichem Gefolge den Donaukanal entlang, und denkt, wie gut es wäre, in seinem Tourenwagen zu sitzen und – auch ohne Glanzlederbelag an den unteren Teilen des Chassis und ohne bordeauxrote Tapeten – schön über Land fahren zu können. Über Land fahren. Er muss jedoch einsehen, dass daran nicht zu denken ist, und kehrt über den Schottenring nach Hause zurück. Der Leiter des Evidenzbureaus Urbański von Ostromiecz ist beim Grand-Hotel vorgefahren. Im Speisesaal sitzt »der Chef« in großer Gesellschaft. »Was bringst du mir Schönes?«, fragt Conrad von Hötzendorf den Freund. Die Musik spielt ein Potpourri aus dem »Graf von Luxemburg«, der neuen Operette: Bist du's, lachendes Glück ... »Dürfte ich Ehrwürdige Exzellenz gehorsamst um ein Gespräch unter vier Augen bitten?« – »So dringend? Na, alsdann geh'n wir!« Der Chef des Generalstabes geht mit dem Chef seines Evidenzbureaus durch den Speisesaal. In einem Nebenraum erstattet Urbański die Meldung. Conrad war schon auf Schlimmes gefasst. Aber als er hört, um was es sich handelt, wird er kreidebleich. Er spricht kein Wort. Er versucht, sich die Tragweite dieses Verbrechens vorzustellen. Der Fall wird bekannt, – Empörung braust heran, – die Truppe hasst den Generalstab ohnedies, »die Auserwählten« – was wird das Ausland sagen! der Feind! – welch ein Triumph! Alles schon morsch, sagt man gerne der Monarchie nach – und im verbündeten Reich, welche Besorgnis, welches Misstrauen! Und bei den oppositionellen Nationen, was wird geschehen, wenn in dieses Pulverfass ein Zündstoff fällt! Gerade jetzt, da die Lage mehr als kritisch ist – sie fordert höchste Anspannungen. Der Chef des Generalstabes denkt nach. »Diese alberne Musik, wenn sie doch wenigstens für fünf Minuten aufhören wollte!« Er setzt sich, steht wieder auf. Spricht die Entscheidung aus: »Der Schuft muss ergriffen werden, man muss aus seinem Munde hören, wie weit der

Verrat reicht und – dann muss er sofort sterben!« Man muss dem Vaterland, der Wehrmacht und – vor allem – dem Generalstab die Erschütterung ersparen, die nicht ausbleiben kann, wenn so etwas bekannt wird. »Er selbst, Exzellenz ...?« – »Ja. Niemand darf etwas über die Todesursache erfahren! Bin ich verstanden worden, Herr Oberst?« – »Zu Befehl, Exzellenz!« – »Heute Nacht muss alles geschehen!« – »Zu Befehl, Exzellenz!« – »Sie werden sofort eine Kommission zusammenstellen, Herr Oberst! Bestehend aus Höfer als Leiter, aus dem Chef des Auditoriats, Ihnen und dem Leiter der Kundschafterstelle. Nur vier Herren. Die Berichte sind direkt an mich zu erstatten.« – »Zu Befehl, Exzellenz.« Während Oberst Redl, überwacht, in der Richtung zur Brigittenau strebte, und dann diese Absicht aufgab, wartete in der Halle des Hotels Klomser ein alter Bekannter auf ihn, dem er aus Prag sein Kommen telegrafiert hat, um mit ihm den Abend zu verbringen: es ist der Generaladvokat bei der Generalprokuratur des Obersten Gerichts- und Kassationshofes, Erster Staatsanwalt Dr. Viktor Pollak. Redl und Pollak kennen einander von Berufswegen. Wenn Redl als militärischer Gutachter Belastungsmaterial über Belastungsmaterial auf einen spionageverdächtigen Angeklagten gehäuft hatte, war es Dr. Pollak als höchster öffentlicher Ankläger, der in seinem unwiderlegbaren, vehementen Plädoyer diesem Gutachten die (den Angeklagten) vernichtende Wirkung lieh.

Diese Mitarbeit hat diese zwei Menschen auch persönlich, menschlich zusammengeführt. Partner und Freunde sind sie. Sie gehen heute gemeinsam ins Restaurant Riedhof in der Josefstadt. Der Oberstaatsanwalt hat keine Ahnung, dass das Souper überwacht wird. Er weiß nichts davon, dass sein Freund, an dessen Glas er eben seines stößt, ein so schwerer Verbrecher ist, wie er keinem in seiner langjährigen staatsanwaltlichen Praxis begegnet ist. Was aber dem Generalprokurator auffällt, ist die Nervosität, die Aufregung, die Einsilbigkeit des Tischgenossen. Oberst Redl überlegt. Wie könnte er sich dem Tod entziehen? Soll er sich seinem Freunde, dem Oberstaatsanwalt anvertrauen, seinen Rat einholen, seine Intervention erbitten? Und zu welchem Ende? Um ins Ausland zu flüchten? Um im Sanatorium Schutz zu suchen, sich auf Geistesstörung ausredend oder sich als Opfer seiner Sexualverirrungen hinstellend? Er schließt Kompromisse zwischen all diesen Möglichkeiten, er vertraut sich dem Freund nicht geradezu an, macht aber doch Andeutungen, er gibt seine Homosexualität nicht zu, spricht aber von moralischen Verwirrungen, er gesteht nicht ein, dass er ein Spion ist, bezichtigt sich aber vage eines schweren Verbrechens, er redet verwirrt, sodass sein Freund daraus eine Geistesstörung folgern könnte, und er verlangt dessen Hilfe zur sofortigen ungehinderten Rückkehr nach Prag, wo er sich seinem Vorgesetzten, dem Korpskommandanten, rückhaltlos anvertrauen möchte. Tief erschrocken hört Oberstaatsanwalt Dr. Pollak zu. Er hat wohl schon hundertmal wegen kleinerer Andeutungen Leute ins Gefängnis gebracht und schon wegen geringerer Momente sofortige Verhaftung oder Verweigerung des Strafaufschubes beantragt. Hier aber bin ich ein Mensch, in persönlichem Verkehr, denkt er, und Redl ist mein Freund. Er erklärt sich auf dessen Bitten bereit, den Chef der politischen Polizei anzurufen. Zu seiner Überraschung ist Regierungsrat Gayer, mit dessen Wohnung er sich verbinden lassen wollte, zu so später Nachtstunde noch im Amt. »Ich bin hier mit dem Generalstabsoberst Redl beim Nachtmahl«, beginnt er. »Ja, im Riedhof, Herr Oberstaatsanwalt.« – »Wieso wissen Sie das, Herr Regierungsrat?« – »Zufällig, Herr Oberstaatsanwalt. Und Sie wünschen?« – »Oberst Redl hat anscheinend eine psychische Störung erlitten. Er spricht von moralischen Verfehlungen und Verbrechen, die er begangen hat. Er bittet mich, ich möchte ihm die ungestörte Fahrt nach Prag ermöglichen. Vielleicht könnten Sie ihm einen Begleitmann mitgeben?« – »Heute Abend lässt sich gar nichts mehr machen, Herr Oberstaatsanwalt. Aber beruhigen Sie den Herrn Obersten und sagen Sie ihm, er soll sich morgen direkt an mich wenden – was in meinen Kräften steht, will ich gerne tun.« Mehr als diese Zusicherung kann der Herr Oberstaatsanwalt nicht erzielen. Oberst Urbański von Ostromiecz und Generalstabshauptmann Ronge sind inzwischen in die Wohnung des Oberstauditors Kunz, des Auditoriatschefs gefahren. Aber der ist nicht in Wien. Sie gehen in ein Caféhaus und suchen in Lehmanns

Adressbuch, welcher Auditor von Stabsoffiziersrang im IX. Bezirk wohnt. Sie finden den Namen »Wenzel Vorlicek, K.-u.-k.-Majorauditor«. Armer Major Vorlicek! Vor seinem Hause steht eben eine Droschke. In seiner Wohnung sind die Koffer gepackt. Er hat einen ausnahmsweisen Urlaub erhalten, um seine schwerkranke Schwägerin nach Davos zu bringen. Die Schlafwagenplätze waren nur mit Mühe zu beschaffen, für heute hat er sie endlich erhalten, und hat in Davos telegrafisch Zimmer bestellt. Um 11 Uhr 20 geht vom Westbahnhof sein Zug. Jetzt treten der Chef des Evidenzbureaus und der Leiter der Kundschafterstelle in seine Wohnung, und bringen ihm den Befehl, an einer Kommission teilzunehmen, die mit wochenlanger Untersuchung verbunden sein wird. Die Schwägerin ringt verzweifelt die Hände, der Major selbst ist entsetzt. Lässt sich nichts machen? Nein, Eile. Befehl vom Chef des Generalstabs. Vorlicek muss den Zivilanzug vom Körper reißen, die Uniform anlegen, ins Auto steigen. Die Fahrt geht zum Stellvertreter des Chefs des Generalstabs: Generalmajor Höfer wird aus dem Bett geholt, er muss Leiter der Kommission sein. Die vier Herren fahren zum Kriegsministerium, erkundigen sich zunächst über den Stand der Angelegenheit. Sie erfahren vom Souper im Riedhof, von der Bitte des Dr. Pollak, die Polizei möge eine überwachte Rückkehr Redls nach Prag ermöglichen. Auch im »Café Kaiserhof« waren die beiden Herren nach dem Souper, und von dort hat der Oberstaatsanwalt von neuem dem Regierungsrat Gayer telefoniert, ob man Redl nicht in einem Sanitätsauto in ein Sanatorium bringen könnte. Aber auch daraufhin hat er nur Vertröstungen auf den nächsten Tag als Antwort bekommen. Um halb 12 Uhr nachts hat sich Oberstaatsanwalt Dr. Pollak vor der Türe des »Hotel Klomser« von Oberst Redl verabschiedet.

Um Mitternacht läuten vier Offiziere an der Hoteltüre von Klomser. Der Portier will sie – den Hotelinstruktionen entsprechend – nicht ins Zimmer hinauflassen. Aber auf das entschiedene Auftreten der Herren hin muss er jeden Einspruch aufgeben. Man klopft an die Tür von Zimmer Nummer 1. Während ein heiseres »Herein« hörbar wird, öffnen sie. Oberst Redl ist in salopper Toilette beim Tisch gesessen und hat geschrieben. Er erhebt sich wankend, Leichenfarbe im Gesicht. »Ich weiß, weshalb die Herren kommen«, bringt er langsam heraus. »Ich habe mein Leben verwirkt, und bin eben im Begriffe, Abschiedsbriefe zu schreiben.« Ein Brief Redls an seinen Bruder liegt auf dem Tisch, der angefangene Brief war an General von Giesl, den Kommandanten des Prager Korps adressiert. Auf dem Waschtisch liegen ein Taschenmesser und ein kleines Stück Bindfaden. (»Ein dolchartiges Messer« und eine »Rebschnur«, sagte eine Woche später Landesverteidigungsminister Georgi im Reichsrat, als die Heeresverwaltung beschuldigt wurde, Redl den Selbstmord befohlen zu haben.) Die Kommission befragt Redl nach seinen Komplizen. »Ich hatte keine Komplizen«, erwidert er. Auf die Frage nach dem Umfang seines Verrates, nach dessen Details und Dauer hat er zur Antwort, alle Beweise würden sich in seiner Prager Dienstwohnung im Korpskommandogebäude finden. Die Kommission gibt sich damit zufrieden. Bevor sie das Zimmer verlässt, fragt einer: »Eine Schusswaffe haben Sie, Herr Redl?« Oberst Redl: »Nein.« Das Mitglied der Kommission: »Sie dürfen um eine Schusswaffe bitten, Herr Redl.« Redl (stockend): »Ich bitte – gehorsamst – um einen – Revolver.« Niemand hat einen bei sich. Aber man sagt ihm zu, dass er ihn bekommen werde. Eines der Kommissionsmitglieder fährt nach Hause, seinen Browning zu holen, um ihn »Herrn Redl« einzuhändigen. Dann warten vier hohe Offiziere an der Ecke der Herrengasse und der Bankgasse, damit sich der Hochverräter nicht durch Flucht dem Tode entziehe. Sie können die Fenster von Nummer 1 nicht sehen, denn es ist ein Hofzimmer. Sie lösen einander ab, um schwarzen Kaffee zu trinken. Dann wird das Café Central gesperrt. Es vergehen Stunden auf Stunden. Nichts, kein Lärm, keine Aufregung, kein Schuss verrät, dass das Spionagedrama seinen vorläufigen Abschluss gefunden habe. Abwechselnd fährt je eines der Kommissionsmitglieder nach Hause, Zivil anzulegen, denn die vier auf- und abgehenden Stabsoffiziere erregen in der stillen Herrengasse bereits Beachtung. Die Stunden verrinnen. Nichts. Man kann doch nicht hinaufgehen und dem Oberst sagen: »Machen Sie rasch, wir wollen schlafen gehen.« Wie spät ist es? Melde gehorsamst: Fünf Uhr. Man soll zeitig den Chef des Generalstabes anrufen und die »Beendigung« der Affäre melden. Zwei der Offiziere müssen mit dem ersten Schnellzug, 6 Uhr 15, nach Prag fahren, um die Hausdurchsuchung vorzunehmen. Es wird also ein Detektiv der Staatspolizei telefonisch herbeigerufen – einer von den beiden, die gestern die Verfolgung Redls unternommen und noch in der Nacht einen Spezialschwur auf Diensteid geleistet hatten, kein Wort über diese Angelegenheit zu sprechen. Die Kenntnis der ganzen Sache sollte auf zehn Personen beschränkt bleiben, unter denen sich die höchsten Persönlichkeiten der Monarchie befanden. Und niemals sollte ein anderer auch nur ein Wort darüber erfahren, dass ein Generalstabschef Spionage getrieben habe. Der herbeigekommene Detektiv erhielt genaue Weisungen, wie er feststellen solle, was mit Oberst Redl geschehen sei. Falls er ihn tot auffinde, möge er im Hotel nichts verraten, damit nicht die auffallende Tatsache bekannt werde, die Leiche sei von einem Polizeiagenten entdeckt worden.

Mit einem Zettel, mittels dessen Oberst Redl zu einem Rendezvous geladen wurde, begab sich der Detektiv in das Hotel Klomser und sagte, er sei vom Herrn Oberst bestellt, um ihm um halb sechs Uhr früh diese Antwort auf einen Brief persönlich zu übergeben. Der Portier, seines vergeblichen Einspruchs gegen den nächtlichen Besuch der vier Offiziere eingedenk, ließ den Boten passieren. Der kam, kaum zwei Minuten später, wieder zurück und trat auf der Straße auf seine Auftraggeber zu. »Das Zimmer war offen«, meldete er erregt, »ich bin also eingetreten. Neben dem Kanapee liegt der Herr Oberst – tot.« Hiermit war der Straßendienst der Stabsoffiziere zu Ende – genau zwölf Stunden nach der Behebung der postlagernden Briefe. Man rief – damit die Leiche noch vor Tagesanbruch gefunden werde – das Hotel unter einem fingierten Namen an: der Herr Oberst möge sofort zum Telefon kommen. Man wartete aber nicht länger am Apparat. Wenige Minuten später verständigte das Hotel Klomser die Polizei von einem im Hause vorgefallenen Selbstmorde. Oberkommissär Dr. Tauß und Oberbezirksarzt Dr. Schild erschienen, den Lokalaugenschein vorzunehmen. Sie konstatierten Selbstmord. Redl hatte sich, vor dem Spiegel stehend, in den Mund geschossen, das Projektil hatte das Gaumendach durchbohrt und war schief von rechts nach links in das Gehirn gedrungen; im linken Scheitelknochen war das Geschoß stecken geblieben, die Ausblutung war durch die linke Nasenhöhle erfolgt. Neben dem Sofa war er tot zusammengesunken, bei der Leiche lag der Browning. Auf dem Schreibtisch fanden sich zwei verschlossene Briefe, einer an den älteren Bruder des Entleibten und einer an den Prager Korpskommandanten, Baron Giesl von Gieslingen und ein offener Zettel ohne Adresse. Darauf stand: »Leichtsinn und Leidenschaft haben mich vernichtet. Betet für mich. Ich büße mein Irren mit dem Tode. Alfred.« Als Nachschrift war hinzugefügt: »Es ist ¾2 Uhr. Ich werde jetzt sterben. Ich bitte, meinen Leichnam nicht zu obduzieren. Betet für mich.«

Es war klar, dass es sich um einen Selbstmord handle, und die Beamten – jedenfalls mit einer diesbezüglichen Weisung versehen – wollten die Amtshandlung rasch und ohne Aufsehen schließen. Doch hatten sie die Rechnung ohne den Offiziersdiener gemacht: Josef Sladek vom Infanterie-Regiment Nummer 11 (Fahnenspruch: »In altbewährter Treue«) wollte sich durchaus nicht damit zufrieden geben, dass hier ein Selbstmord konstatiert werde. In schlechtem Deutsch und großer Aufregung erzählte er zuerst den Polizeibeamten und – als diese ihn beiseiteschoben – dem aufhorchenden Hotelpersonal, der Browning gehöre nicht seinem Herrn, sein Herr habe keinerlei Selbstmordabsichten gehabt, habe gestern Einkäufe gemacht und für heute allerhand Anordnungen getroffen und wollte Dienstag in dem eigens restaurierten Auto nach Prag zurückreisen. Also sei der Herr Oberst erschossen worden, und der Revolver gehöre dem Mörder. So unbequem dem Hotelpersonal jedes Aufsehen sein musste, etwas war da, was dem Verdacht des Dieners Glaubwürdigkeit verlieh: der fremde Mann, der um halb sechs Uhr morgens ins Hotel gekommen war, um dem Obersten eine Mitteilung zu bringen. Wenn er wirklich eine Botschaft übergeben hatte, musste er doch die Leiche gesehen haben! Warum hatte er davon nichts gesagt? Und was hatten die vier Offiziere um Mitternacht im Zimmer Nummer 1 getan? Die Kommission, zu der sich inzwischen auch ein Offizier des Platzkommandos gesellt hatte, bemühte sich vergeblich, die Gerüchte und Vermutungen zum Schweigen zu bringen. Besonders der Josef war nicht zu beruhigen. Da kam einer der Beamten auf den Gedanken, dem unbequemen Diener einzureden, der Herr Oberst habe sich eines Missbrauchs der Amtsgewalt an Untergebenen schuldig gemacht, und sich umgebracht, als er sich verraten sah. Im selben Augenblick verstummte der Diener. Denn er wusste ja von etwas, was weder die Polizeikommissäre wussten noch die Generalstäbler, die den Selbstmord dirigiert hatten: von der Homosexualität Redls. Dagegen hatten weder die Polizeikommission noch der brave Josef von der wahren Ursache des befohlenen Freitodes eine Ahnung: von der Spionage. Die Sachen des Erschossenen wurden nun verpackt und versiegelt, die Leiche am Abend in einem Fourgon in die Totenkammer des Garnisonspitals geschafft.

Das K.-u.-k.-Telegrafenkorrespondenzbureau gab eine Meldung über den Selbstmord des Prager Generalstabschefs aus, in der stand, »der hochbegabte Offizier, dem sicherlich eine große Karriere bevorstand, hat sich in einem Anfall von Sinnesverwirrung ...«, »... in der letzten Zeit an außergewöhnlicher Schlaflosigkeit litt ...«, »... in Wien, wohin ihn dienstliche Aufgaben geführt hatten ...« Der Chef des Evidenzbureaus Urbański und Auditor Vorlicek fuhren nach Prag. Die beiden Herren kamen gegen Mittag an. Urbański speiste mit dem Korpskommandanten Baron Giesl, der bereits telegrafisch davon in Kenntnis gesetzt worden war, dass sein Generalstabschef Selbstmord begangen habe. Erst während des

Mittagessens erfuhr General der Infanterie Giesl das Motiv der Tat. Tags vorher hatte er von seinem Bruder, dem österreichisch-ungarischen Gesandten in Belgrad einen langen Brief bekommen, in dem mitgeteilt wurde, die serbische Regierung betrachte den Krieg als unvermeidlich; beide Brüder korrespondierten unausgesetzt miteinander, da das 8. Korps für »Fall 3« (Krieg gegen Serbien) zum Vormarsch über die Save zwischen Drinamündung und Savemündung bestimmt war. Umso furchtbarer war die Erschütterung des Generals, als er nun erfahren musste, dass sein Vertrauensmann und Liebling alles verraten und konterkariert habe. Nach dem Essen begab man sich in die Wohnung Redls, die sich im Hause der Hauptwache, neben den Amtsräumen des Korpskommandos befand. Die Wohnung war verschlossen und musste erbrochen werden. Ebenso der Schreibtisch und die Schränke.

Von einem Schlosser?«, frage ich den ehemaligen Chef des Evidenzbureaus, der mir von dieser Dienstreise erzählt. »Ja, ich glaube. Es war Sonntag nachmittags, und kein Soldat anwesend, kein Professionist.« – »Exzellenz wissen nicht mehr, woher man den Schlosser holte?« – »Nein. Natürlich irgendeinen Schlosser aus der Nachbarschaft.« Feldmarschall-Lieutenant von Urbański hat bisher mit bewunderungswürdiger Geduld und bereitwilliger Liebenswürdigkeit auf alle Fragen des Interviewers Antwort gegeben – zum ersten Male scheint er jetzt unwillig. Der Interviewer bemüht sich, seine dumme Frage zu entschuldigen. »Der Schlosser hätte doch die gewaltsame Eröffnung der Wohnung und der Schubfächer verraten können?« – »Sie meinen?«, sagt Urbański ironisch. »Gewiss, Exzellenz. Ich glaube, er hat es sogar der Presse mitgeteilt.« – »So?« Feldmarschall-Lieutenant Urbański lächelt ungläubig.

Und deshalb schaltet der Interviewer hier ein persönliches Erlebnis ein: am Sonntag, den 25. Mai 1913 spielte in Prag der Deutsche Ballspielklub »Sturm« ein Fußballmatch gegen »S. K. Union-Holeschovice«. Die Notiz des »Prager Tagblatt« lautete am nächsten Tage: DBC Sturm I gegen SK Union V (Holeschowitz) 5:7 (Halbzeit 3:3). Sturm war von Anfang an überlegen, was sich auch in der großen Zahl seines Scores ausdrückt. Doch war seine Verteidigung durch das Fehlen Mareceks und Wagners derart geschwächt, dass Atja allein nicht imstande war, alle Durchbrüche Unions zu vereiteln. Kurzum, ein ungünstiges Resultat. Am meisten ärgerte sich wohl der Obmann »Sturms« über das unangesagte Fernbleiben Wagners, dem er knapp vorher eine Gefälligkeit erwiesen hatte, wie sie Obmänner den Koryphäen der ersten Mannschaft manchmal zu erweisen pflegen. Dafür hatte Wagner pünktliches Antreten versprochen – und schon am Sonntag blieb Wagner aus. Deshalb schaute besagter Obmann (der im Privatberuf Redakteur eines Prager Blattes und Prager Korrespondent einer Berliner Zeitung war) gar nicht freundlich auf, als ihn Wagner am Montag ins Bureau besuchen kam. »Ich konnte wirklich nicht kommen«, versuchte sich der saumselige Endback zu entschuldigen. »Das ist mir egal.« Der Obmann blieb ablehnend. »Ich war schon angezogen, da kommt eine Ordonnanz in unsere Werkstatt und sagt, es soll ein Gehilfe ins Korpskommando kommen, ein Schloss aufbrechen.« – »Erzähl' mir keine Geschichten! So etwas dauert fünf Minuten. Und wir haben eine geschlagene Stunde mit dem Anstoß gewartet.« – »Aber ich müsste doch die Wohnung eines Offiziers aufbrechen, und dann alle Schubfächer und alle Schränke ... es war nämlich eine Kommission aus Wien da, die hat nach russischen Papieren gesucht. Und nach Fotografien von Plänen.« – »So? Und wem gehört die Wohnung?« –

»Ich glaube, einem General. Eine sehr nobel eingerichtete Wohnung.« – »Und der General war nicht da?« – »Nein, der ist gestern in Wien gestorben.« Gestern in Wien gestorben? Der Obmann, der im Privatberuf Redakteur ist, ist dem unentschuldbaren Endback und pflichttreuen Schlossergehilfen gar nicht mehr böse. Er sagt ihm nicht mehr: »Erzähl’ mir ›keine Geschichten‹«, sondern lässt sich die Geschichte ganz genau erzählen, wie der Wiener Oberst jede Fotografie dem Korpskommandanten gereicht hat und wie der jedes Mal verzweifelt den Kopf geschüttelt und gesagt hat: »Schrecklich, schrecklich! Wer hätte das für möglich gehalten!« Auch, dass die Wohnung ganz merkwürdig ausgesehen hat, wie von einer Dame, lauter Toilettegegenstände und Parfüms und Brennscheren, aber die parfümiertesten Briefe seien von lauter Männern gewesen, deren Namen sich die Wiener Herren notiert haben. Der Redakteur weiß natürlich sofort, dass es sich um die Wohnung des Generalstabschefs Redl handelt, dessen Selbstmord samt begeisterter Biografie heute vom K.-u.-k.-Telegrafenkorrespondenzbureau gemeldet und wörtlich im Mittagsblatt abgedruckt worden ist. Und er hat gar keinen Anlass, eine Diskretion zu bewahren, um die er nicht ersucht worden ist, ein Geheimnis zu hüten, das man ihm nicht anvertraut hat. Er schreibt einen Bericht an sein Berliner Blatt. Denn in Prag würde eine Mitteilung ganz gewiss konfisziert werden. Oder soll man es doch versuchen? Beratung mit dem Chefredakteur. Man entschließt sich zu einem Kompromiss:

man riskiert die Beschlagnahme der Abendausgabe und wird die Nachricht in Form eines Dementis bringen. »Von hervorragender Seite werden wir um Widerlegung der speziell in Offizierskreisen aufgetauchten Gerüchte ersucht, dass der Generalstabschef des Prager Korps, Oberst Redl, der bekanntlich vorgestern in Wien Selbstmord verübt hat, einen Verrat militärischer Geheimnisse begangen und für Russland Spionage getrieben habe.

Die nach Prag entsandte Kommission, bestehend aus einem Oberst und einem Major, die in Gegenwart des Korpskommandanten Baron Giesl die Dienstwohnung des Obersten Redl und deren Schubfächer am Sonntag geöffnet hatte, hatte nach Verfehlungen ganz anderer Art zu forschen und so weiter ...« Solche Dementis versteht selbstverständlich jeder Leser, es ist so, wie wenn man sagt: »Der X. ist kein Falschspieler.« Aber konfiszieren ließ sich der Bericht schwer, vielleicht glaubte der Presse-Staatsanwalt, das Dementi stamme vom Korps-Kommando, das Korps-Kommando glaubte, es stamme aus Wien. Jedenfalls erschien das Abendblatt, der Draht gab die Nachricht nach Wien, die Reporter liefen ins Hotel Klomser, im Parlament wurden zwanzig Dringlichkeitsanträge und Interpellationen eingereicht, und ganz Österreich wusste von den Ursachen des Selbstmordes, die die maßgebenden Kreise des Auslandes, deren Spion Redl ja gewesen war, ohnedies sofort gewusst hatten, und die man im Inlande sogar vor dem Kaiser geheim halten wollte. Man hatte

auf die Verhaftung des Spions und auf ein gewiss aufschluss-
reiches Gerichtsverfahren mit Zeugeneinvernahmen, Proto-
kollen und so weiter verzichtet, man hatte eine Nacht lang das
Hotel bewacht, Spezialeide der Geheimhaltung leisten lassen.
Und nun erfuhr die ganze Welt davon. Weil ein Endback ein
Wettspiel versäumt hatte. Gegen Union-Holeschovice.

Das Erste, was die Kommission beim Eintritt in die Wohnung des Gerichteten verblüfft hatte, war der weibische Geschmack, der sich überall äußerte. Die Möbel waren Rot in Rot gehalten, seidene Steppdecken und rosa Plüschüberwurf auf dem Himmelbett, Alabaster vorherrschend, als Rauchgarnitur, Nachtkästchenplatte und Figuren (bloß die große Napoleonbüste über dem Schreibtisch war aus Bronze), überall zierliche Nippes, und alle drei Zimmer von penetrantem Parfümgeruch erfüllt. Ein Riesentoilettetisch mit Haarfärbemitteln, Tuben, Tiegeln, Brennscheren, Manikurekästen, Pomaden, Parfüms und dergleichen fiel auf. Erst als der Schreibtisch aufgebrochen worden war, und man feststellte, dass die zahllosen mattbunten Billetdoux erotischen Inhalts von Männerhand stammten, hatte man die Auflösung des Rätsels: Oberst Redl war homosexuell gewesen. Angefangene Briefe, zerknüllt in den Papierkorb geworfen, zeugten von der Leidenschaft Redls für den jungen Ulanenoffizier in Stockerau; der hatte sich in ein Mädchen verliebt und wollte es heiraten, während ihn Redl mit verzweifeltesten Ausrufen wieder für sich gewinnen wollte. »Mein lieber, lieber Stefan! Deinen Brief vom 22. des Monats habe ich erhalten, und kann es nicht fassen, dass Du mich wirklich verlassen willst, wo Du mir so oft Treue und Dankbarkeit gelobt hast. Kann Dir nur wiederholen, dass Du Dich durch die Ehe nur bleibend unglücklich machen wirst, am Anfang erscheint alles voller Illusionen und wunderschön, sind jedoch die Mysterien vorbei, so erkennt man, was eine Frau ist. Sage ihr keinesfalls etwas von mir! Frauen mischen sich in alles, und das, was sie nicht verstehen sollen, ist das Einzige, was sie verstehen. Ich warne Dich noch einmal, mich zu verlassen. Ich bin verzweifelt, und weiß nicht, was beginnen soll. Am liebsten möchte mit Dir wegfahren (Davos?), könnte Dir sofort Urlaub verschaffen, und glaube auch, Dir den versprochenen Austro-Daimler (Tourenwagen) kaufen zu können. Wenn Du nach Wien kommen könntest, lieber Stefan, so schreibe mir sofort, würde dann ...« Dreimal ist dieser Brief begonnen, alle drei Fassungen sind verworfen worden. Redl entschloss sich, seinen Freund lieber mündlich zu beschwören, dass er ihn nicht verlasse. Er fuhr nach Wien, wohin auch Stefan aus seiner nahen Garnison kam. Die Unterredung im Hotel scheint mit dem Versprechen Redls geschlossen zu haben, den Austro-Daimler-Tourenwagen zu kaufen. Und deshalb fuhr er zum Postamt, das bewacht war. Der junge Ulanenoffizier hat sich gleich nach Bekanntwerden des Selbstmordes Redls der militärischen Gerichtsbehörde gestellt, da er vermutete, sein Freund sei wegen Homosexualität angezeigt worden und habe sich deshalb getötet.

Es stellte sich heraus, dass er von den Spionagen seines Geliebten keine Ahnung gehabt habe. Trotzdem wurde er – wegen widernatürlicher Unzucht – zu drei Jahren schweren Kerkers verurteilt. Der ständige Verkehr des Obersten mit dem jungen Offizier war allgemein bekannt gewesen, doch hatte man darin nichts Besonderes gefunden, da Redl den Leutnant überall als seinen Neffen vorstellte. In Wirklichkeit war er der Sohn eines Dieners aus Mähren, und schon als Kadettenschüler von Redl verführt worden. Dieser hatte dann die Kosten seiner Transferierung in die Kavalleriekadettenschule Mährisch-Weißkirchen getragen, ihm zwei Reitpferde gekauft und ihn auch sonst mit Geschenken überhäuft. Beweise für die verräterische Tätigkeit Redls fanden sich genug vor: Empfangsbestätigungen von Geldsendungen aus Russland, Quittungen über gewechselte Rubel und vor allem fotografische Platten. Er hatte in seiner Wohnung bei herabgelassenen Fensterläden Dienstbücher reservaten Charakters, Mobilisierungs-Instruktionen und ähnliche Elaborate fotografiert, die in allen Staaten der Welt nach Muster der deutschen Generalstabsbücher – des Meisterwerkes des Feldmarschalls Moltke – verfasst, aber natürlich überall, den Eisenbahn-, Schiffs-, Straßen- und Dislozierungsverhältnissen entsprechend, adaptiert sind. Auch Befehle über Armierung und Verpflegung, Eisenbahntransporte und Durchführung von Truppenverschiebungen hatte Redl für seine Auftraggeber fotografiert und aktuelle Befehle des Kriegsministers Krobatin, des

Erzherzogs Franz Ferdinand und des Chefs des Generalstabes Conrad von Hötzendorf, die sich auf Organisationsfragen innerhalb des 8. Korps bezogen. Dagegen fand sich hier noch kein Beweis dafür vor, dass Redl konkrete Kriegsvorbereitungen, wie zum Beispiel Aufmarschdispositionen, Grenzbefestigungen, Festungspläne, Geschützkonstruktionen oder die Namen von österreichisch-ungarischen Spionen im Auslande verraten habe, — so allgemein dies damals auch behauptet wurde. Die Spuren des Verrats, die sich in seinen Fächern fanden, reichten bloß anderthalb Jahre zurück, die Dauer seiner Tätigkeit in Prag. In dieser Zeit hatte Redl mit seiner Spionage einen Betrag von nahezu sechzigtausend Kronen verdient, etwa das Zehnfache seiner Gage. Aus dem Nichtvorhandensein von älteren Beweisstücken deduzierte dann Landesverteidigungsminister Georgi bei seiner Interpellationsbeantwortung im Parlamente, dass die Verrätereien bloß zwei Jahre zurückreichten. Er musste sich darauf antworten lassen, dass Redl schon seit mindestens zehn Jahren einen übermäßigen Aufwand betrieb, schon lange zwei Automobile besitze. Redl hatte zwar glaubhaft zu machen gewusst, dass er im Besitze eines großen Privatvermögens sei und eine große Erbschaft gemacht habe. Jedoch, er hatte vor mehreren Jahren in Neustift-Innermanzing ein Gut gekauft, besaß außer in Prag auch in Wien, in der Wickenburggasse eine vornehm eingerichtete Wohnung, hielt Reitpferde und pflegte Champagnergelage zu geben. Seine Verbrechen müssten daher mindestens bis in die Zeit zurückreichen, da er Leiter der österreichisch-ungarischen Kundschafterstelle im Evidenzbureau des Generalstabes gewesen sei, wenn nicht gar in die Zeit seiner Truppendienstleistung bei Regimentern der Grenzfestungen, beim Infanterie-Regiment Nummer 9 in Przemysl und beim Infanterie-Regiment Nummer 30 in Lemberg.

Jedenfalls ist das Verhalten Redls in dem größten Militärbefreiungs- und Spionageprozess Österreichs, in dem Prozess Hekailo-Wienckowski-Acht, ein so merkwürdiges gewesen, dass zehn Jahre später, nach dem Selbstmord Redls, bei den wenigen Eingeweihten der Verdacht auftauchen musste, er habe damals eine Doppelrolle gespielt, und auf eine Weise Menschenleben vernichtet, wie sie teuflischer kaum gedacht werden kann. Im Jahre 1903 wurden nämlich in Wien Vorerhebungen gegen den Oberstauditor Hekailo, Justizreferenten der 43. Landwehrdivision in Lemberg geführt, der im Verdachte stand, durch Fälschung einer Quittung Gelder unterschlagen zu haben. Während der streng geheim geführten Erhebungen wurde der auf freiem Fuße belassene Hekailo flüchtig, und erst nach dem Bekanntwerden seiner Flucht meldeten sich weitere Beschädigte, aus deren Aussagen hervorging, dass Hekailo auch die ganze Heiratskaution eines Rittmeisters und das Vermögen seines Mündels unterschlagen hatte. Ein paar Monate später erschien der Generalstabshauptmann Alfred Redl in der Kanzlei des nachmaligen Generalmilitäranwalts Wilhelm Haberditz, der die Untersuchung gegen Hekailo führte, und machte die überraschende Mitteilung, dass Hekailo nach den unwiderleglichen, von

Redl beschafften Beweisen als Spion in russischen Diensten stand und wahrscheinlich auch den Aufmarschplan der österreichisch-ungarischen Armeen den Russen an der Grenze bei Thorn ausgeliefert habe. Durch einen Brief, den Hekailo nach seiner Flucht an einen Freund in Galizien sandte, kenne man auch seinen gegenwärtigen Aufenthalt und seinen Decknamen »Karl Weber« in Curityba in Brasilien, weshalb ein Auslieferungsbegehren zu stellen wäre. Das bezügliche Aktenstück, in welchem natürlich nur von den gemeinen Verbrechen des Betruges und der Veruntreuung die Rede war, wurde sofort verfasst und dieses Auslieferungsbegehren vom Ministerium des Äußern auf telegrafischem Wege der brasilianischen Regierung mitgeteilt. Als jedoch Hekailo verhaftet werden sollte, wies er einen russischen Pass vor, der auf den Namen »Karl Weber« lautete, und stellte sich unter den Schutz des russischen Konsulats.

Schon war verfügt, dass ein höherer Offizier zum Zwecke der Agnoszierung des Festgenommenen eine Reise nach Brasilien unternehmen solle, als die Nachricht des österreichisch-ungarischen Konsulats in Curityba eintraf, Hekailo habe sein Leugnen aufgegeben, da man beim Öffnen seines Koffers ganz oben den österreichischen Paraderock gefunden hätte. Als es nun klar war, dass der Verhaftete österreichischer Militär war, legten ihm die brasilianischen Gendarmerieoffiziere mitleidvoll einen geladenen Revolver in die Zelle. Aber Hekailo machte von der Waffe ebenso wenig Gebrauch wie von der wiederholten Gelegenheit, die ihm der eskortierende brasilianische Artillerieoberstleutnant auf dem Seewege von Paranagua nach Rio de Janeiro bot, sich in das Meer zu stürzen. In Rio de Janeiro wurde Hekailo auf einen nach Triest abgehenden Kohlendampfer eingeschifft. Er war in einer Kabine des Zwischendecks untergebracht, und muss durch die tropische Hitze schwer gelitten haben, da er bei seiner Ankunft in Wien kaum wiederzuerkennen war. Programmgemäß wurde nun Hekailo zuerst über seine vielseitigen Unterschlagungen verhört. Der alte Kaiser interessierte sich lebhaft für diesen Prozess und wurde über jede Phase durch seinen intimen Freund, den Chef des Generalstabes, Grafen Beck, unterrichtet. Der Kaiser selbst war es, der drängte, die Untersuchung auch auf die Spionagetätigkeit Hekailos auszudehnen. Endlich war es so weit, dass man dem beschuldigten Hekailo die Beweise seines Verrates vorhalten konnte. Sie bestanden in der Hauptsache aus Fotografien und Briefen, die Hekailo unter der Deckadresse der beim russischen Generalstabschef in Warschau angestellten Gouvernante an diesen gesandt hatte. Nach Angabe Redls hatte der Erwerb dieser Beweisstücke gegen Hekailo 29000 Kronen gekostet, die das Ministerium für Landesverteidigung auch bezahlen musste. Bei den Verhören Hekailos wurde Hauptmann Redl als Sachverständiger zugezogen. Hekailo, der ohne Zweifel wusste, dass er auf Grund des Auslieferungsbegehrens und des bestehenden Staatsvertrages mit Brasilien wegen Spionage nicht bestraft werden könne (weshalb er auch die Gelegenheiten zum Selbstmorde nicht ausgenützt hatte), zeigte sich im Verlauf der Untersuchung sehr offenherzig und gestand unumwunden, was er allein oder mithilfe Dritter den Russen geliefert hatte, darunter die Instruktion für die Alarmierung der Lemberger Garnison. Nur von dem Aufmarschplan wollte er absolut nichts wissen und antwortete Redl, der in auffallendem Übereifer wiederholt in ihn gedrungen war, die Auslieferung dieses Planes einzugestehen, einmal in treffender Weise: »Herr Hauptmann, woher sollte ich mir diesen Aufmarschplan verschafft haben? Den kann nur jemand aus den Generalstabsbureaus in Wien den Russen verkauft haben.« Nach langem Drängen nannte Hekailo auch seinen Komplizen, den Major Ritter von Wienckowski, Ergänzungsbezirkskommandanten in Stanislau. Schon am nächsten Tage fuhr der Majorauditor Haberditz mit den weitestgehenden Vollmachten ausgerüstet, in Begleitung Redls und des Auditors Dr. Seliger dorthin. Nachdem die Verhaftung Wienckowskis in dessen Bureau vorgenommen worden war, schritt man zur Hausdurchsuchung. Zuerst fand die Kommission in der Wohnung des Festgenommenen nichts von Bedeutung vor. Im Kinderzimmer spielte das sechsjährige Töchterchen des Majors mit der deutschen Gouvernante. Das hübsche Kind war anfangs sehr befangen und starrte die Eindringlinge erschreckt an. Erst als es Redl beim Händchen ergriff und mit ihm polnisch zu plaudern begann, wurde es zutraulicher. Redl legte der Kleinen einige Fragen vor, zum Beispiel wie viel zwei mal zwei sei. Er stellte sich ganz überrascht darüber, dass das Kind richtige Antworten gebe, und belobte es sehr, worüber die Kleine ganz glücklich war. »Bist du auch so gescheit, dass du weißt, wo Papa seine Briefe versteckt?«, fragte Redl. »Natürlich«, lachte das Kind und lief in das Arbeitszimmer des Majors, kroch unter den mächtigen Schreibtisch und deutete auf dessen linke Ecke. Nun wurde das schwere Möbelstück umgelegt, man fand einen verborgenen Knopf, und als man auf diesen drückte, öffnete sich ein Geheimfach voll von schwerbelastenden Dokumenten. Die Kommission konnte mit diesem kriminalistischen Erfolg zufrieden sein, aber diese Zufriedenheit wurde beeinträchtigt durch die widerliche Art, wie Redl das unschuldige Kind zum Verrat am eigenen Vater missbraucht hatte. Und dabei hatten die Kommissionsmitglieder keine Ahnung davon, dass Redl ein viel ärgerer Verbrecher sei als Wienckowski. Wie viel gravierendes Material bei dieser Hausdurchsuchung gefunden worden war, kann man daraus ermessen, dass die Untersuchungsakten am Schluss ein Gewicht von 120 Kilogramm aufwiesen. Sie wurden in einer großen Kiste aufbewahrt und von militärischen Posten bewacht, die die beiden Majore selbst des Nachts visitierten. Einmal nun – Majorauditor Haberditz war gerade abwesend – wollte Redl von Dr. Seliger einen streng reservaten Mobilisierungsbehelf zur Einsicht haben, der sich im Aktenfaszikel befand. Dr. Seliger schlug ihm dies mit Hinweis auf seine Instruktionen ab, worauf sich Redl verstimmt entfernte. Kurze Zeit darauf legte Redl dem Majorauditor nahe, er möge beantragen, Redl nach Russland zu entsenden, da in Warschau noch einige unklare Momente der Affäre zu erheben seien. Der Kommissionsleiter lehnte diesen Vorschlag ab, da die Erhebungen für das Verfahren nicht relevant seien. Nach Verhaftung eines weiteren Komplizen, des Hauptmannes Alexander Acht, Personaladjutanten des Lemberger Militärkommandanten, fuhr die Kommission nach Wien zurück, wo die Verhöre mit den Festgenommenen fortgesetzt wurden. Da ging in Redl eine auffallende Veränderung vor, denn so eifrig er anfangs für die Überführung des Majors Wienckowski gearbeitet hatte, ebenso eifrig begann er sich plötzlich für dessen Unschuld einzusetzen. Dies ging so weit, dass der Untersuchungsleiter Haberditz es ihm einmal unter vier Augen vorhalten und eine weitere Zusammenarbeit infrage stellen musste. Es kam zu einer ziemlich heftigen Auseinandersetzung, nach welcher Haberditz beim Vorstand des Evidenzbureaus Oberst Hordliczka die Ablösung Redls als Experten verlangte. Oberst Hordliczka gab ihm in der Hauptsache recht, und versprach, auf Redl entsprechend einzuwirken; zu einer Ablösung Redls könne er sich jedoch nicht entschließen, da ja die Überweisung des Hauptbeschuldigten ein Verdienst Redls gewesen sei, und er diesen nicht um die Früchte seiner Bemühungen bringen wolle. Majorauditor Haberditz gab sich damit zufrieden, Redl wurde jetzt tatsächlich viel zurückhaltender und unterließ besonders seine hemmenden Einwände. Ja, eines Tages erbot er sich sogar, aus Warschau ein Stück der angeblich von Major Wienckowski eigenhändig abgeschriebenen Mobilisierungsweisungen herbeizuschaffen, da Österreich-Ungarn doch beim Warschauer Generalstab einen sehr verlässlichen russischen Offizier im Solde hätte, dem es ein Leichtes wäre, aus dem Dossier »H« ein Stückchen der bewussten Schrift herauszureißen. Allein Majorauditor Haberditz war tief erschüttert, als ihm Redl dann nach ungefähr drei Wochen in trockenstem Ton und mit eiskaltem Blick die Nachricht überbrachte, dass der bewusste russische Generalstabsoffizier in Warschau beobachtet worden sei, wie er sich beim Dossier »H« zu schaffen machte, dass darauf eine Untersuchung seines Schreibtisches erfolgte, in welchem für Österreich ausgestellte Rechnungen gefunden wurden, und dass der Mann zwei Tage darauf standrechtlich gehenkt worden sei. Nach der Entlarvung Redls erscheint sein damaliges Doppelspiel so ziemlich aufgeklärt: er selbst hatte jedenfalls den Aufmarschplan Österreich-Ungarns an die Russen verkauft und wird den Russen gesagt haben, dass er nun unbedingt auch einen Spionageerfolg für Österreich erzielen müsse. Er brauchte diesen Erfolg umso mehr, als damals der Verrat des Aufmarschplanes an die Russen ruchbar wurde, und er unbedingt einen Sündenbock haben musste. Da lieferten ihm die Russen denn den Hauptbeschuldigten Hekailo aus. Sie konnten dies umso leichter tun, als Hekailo nach seiner Flucht nach Brasilien für sie nicht nur wertlos, sondern sogar unbequem geworden war: hatte doch der russische Generalstab den Major Hekailo um die Hälfte seines Lohnes geprellt und musste eine Anzeige fürchten. Als aber dann die Untersuchung auf aktive österreichische Offiziere übergriff, an welchen der russische Generalstab noch ein Interesse hatte (Wienckowski und Acht), wird es an Vorwürfen und Drohungen der Warschauer Stelle gegen Redl nicht gefehlt haben. Das war der Grund, warum Redl plötzlich für die Unschuld des Majors Wienckowski und des zweiten Offiziers eintrat und die Gerichtsbehörde zu bestimmen suchte, das Verfahren gegen diese zwei einzustellen. Dies gelang ihm aber nicht und Redl musste nun in anderer Weise und um jeden Preis die Russen von seiner ferneren »Loyalität« überzeugen.

Da beging er dann die größte Schurkerei, indem er dem russischen Generalstabsoffizier in Warschau, der für Österreich arbeitete, eine raffinierte Falle stellte, und ihn so dem Galgen auslieferte. Hekailo, Wienckowski und Acht wurden zu Kerkerstrafen von acht bis zwölf Jahren verurteilt; Wienckowski ist im Kerker von Josefstadt gestorben. Ein anderer Fall, bei welchem Redl einen russischen Oberst, der für Österreich einen Spionagedienst geleistet hatte, dem Tode überantwortete, ist durch die Promptheit der Denunziation erwähnenswert. Der Thronfolger Franz Ferdinand war in Petersburg zu Besuch gewesen und hatte sich mit dem Zaren in verschiedenen politischen Fragen geeinigt; auf der Heimreise durch Russland begleitete ihn Oberstleutnant Müller, der damals österreichisch-ungarischer Militärattaché in Petersburg war. Während der Fahrt trug der Erzherzog dem Militärattaché auf, den Zaren jetzt durch unnütze Spionage nicht zu reizen. Oberstleutnant Müller verabschiedete sich vom Thronfolger in Warschau. Dort fand sich der russische Generalstabsoberst Cyrill Petrowitsch Laikow bei Müller ein und bot ihm den ganzen russischen Aufmarschplan zum Kauf an. Eine solche Gelegenheit konnte Oberstleutnant Müller trotz der erzherzoglichen Weisung nicht ungenutzt lassen, und vermittelte den Kauf des Aufmarschplanes. Nach kurzem Jagdausflug kehrte Müller nach Petersburg zurück und begegnete schon am ersten Tage bei Leuten, die ihm bisher freundschaftlich entgegengekommen waren, einer frostigen, beinahe beleidigenden Ablehnung. Erst als er in der Zeitung las, dass Oberst Cyrill Petrowitsch Selbstmord begangen habe, glaubte er diese Kälte seiner bisherigen Gastfreunde zu verstehen: man hatte jedenfalls erfahren, dass ihm Laikow den Mobilisierungsplan angeboten, und vermutete nun, dass er den Unglücklichen dazu verleitet habe. Aber das war es nicht, was ihm die zaristischen Militärs übelnahmen, sondern sie verargten ihm, dass er seinen Spion an Russland verraten habe. Daran war jedoch Müller, der übrigens am selben Tage von seiner Stellung abgelöst wurde, ganz unschuldig.

Der ehemalige Reichsratsabgeordnete Graf Adalbert Sternberg hat mit der Gattin des russischen Großfürsten Paul und mit dem österreichischen Thronfolger Franz Ferdinand über diese Affäre gesprochen und deduziert aus dieser Unterredung, dass es Redl gewesen sei, der den Laikow sofort an Russland verraten, dem sicheren Tode ausgeliefert habe. Abgeordneter Sternberg gibt übrigens dem Obersten Redl die Schuld am Weltkrieg. »Dieser Schurke«, sagt er von Redl, »hat jeden österreichischen Spion denunziert, denn der Fall des russischen Obersten wiederholte sich mehrmals. Redl lieferte unsere Geheimnisse den Russen aus und verhinderte, dass wir die russischen Geheimnisse durch Spione erfuhren. So blieb den Österreichern und den Deutschen im Jahre 1914 die Existenz von 75 Divisionen, die mehr als die ganze österreichisch-ungarische Armee ausmachten, unbekannt, – daher unsere Kriegslust und unsere Niederlage. Hätten wir klar gesehen, dann hätten unsere Generale die Hofwürdenträger nicht in den Krieg getrieben.« Tatsächlich wurde diese Behauptung, dass Redl alle österreichisch-ungarischen und sogar deutschen Spione, die in Russland tätig waren, an Russland verraten habe, wiederholt von Beteiligten erhoben. Diese Behauptungen haben viel Wahrscheinlichkeit für sich, ebenso wie die Annahme, dass Redl auch konkrete Kriegsvorbereitungen verraten hat. In der Interpellations-Beantwortung hat der österreichische Landesverteidigungsminister Feldmarschall-Lieutenant von Georgi das zwar bestritten, aber er hat darin ebenso unrecht gehabt, wie in der Bestimmung des Zeitpunktes, seit welchem Redl in feindlichen Diensten stand. Georgi war eben vom Generalstabskorps düpiert, das einen der ihrigen auch dann noch zu entlasten versuchte, wenn er schon des größten militärischen Verbrechens überführt war. Redl musste alles verraten, was man von ihm verlangte; das wird jedem klar, der sich vergegenwärtigt, wie Redl zum Spionagedienst angeworben worden sein muss, und wie sehr er sich daher in den Händen seiner Auftraggeber befand. Ein Mann von den Fähigkeiten und dem Range Redls konnte nicht so zur Spionage verleitet werden, wie es bei militärischen Greenhorns üblich ist. Es war fast immer die gleiche Methode: ein junger Leutnant, der sich auf einem Fort bei Cattaro, Drohobycz oder Rasuljaca langweilte, bekam eines schönen Tages die Aufforderung einer Schweizer oder holländischen Zeitung, doch Stimmungsberichte über das Leben der Ortsbewohner und über die Landschaft zu schreiben. Man habe von seinem schriftstellerischen Talente gehört und so weiter. Er versuchte es, schickte etwas ein, bekam das Belegexemplar der Zeitung, die meist eigens für diese Zwecke gedruckt wurde, sah sich freudestrahlend gedruckt, bekam ein Honorar von 200 Franken und große Komplimente der »entzückten« Redaktion. Dann verlangte man andere Mitteilungen von ihm oder trug ihm einen Redakteurposten mit fürstlichem Gehalt an, – er möge sich Urlaub nehmen und nach Lausanne oder nach dem Haag kommen. Lehnte er es ab, so hatte man die große Pression bei der Hand: Organe der österreichisch-ungarischen Gesandtschaft hätten sich bereits nach dem Artikelschreiber dringlich erkundigt, aber man habe das Redaktionsgeheimnis streng gewahrt, »weil man den wertvollen Mitarbeiter doch nicht verlieren wolle«. Dies sagte dem armen Leutnant genug. Wenn er sich nicht weiterhin willfährig zeige, würde er verraten werden. »Unbefugte Mitteilungen an die Presse«, vielleicht gar »Verrat militärischer Geheimnisse« – denn was konnte nicht alles als militärisches Geheimnis angesehen werden! Ranghöhere Offiziere, die strafweise in Grenzstationen kommandiert waren, oder durch die Einöde und die Einförmigkeit zu Alkohol und Hasard getrieben worden waren, wurden gewöhnlich durch Darlehensangebote von Geldleuten, die geheim im Dienste des Nachbarstaates standen, in deren Abhängigkeit gebracht. Eine ganze Bande solcher Lockwucherer haben am Anfang dieses Jahrhunderts in Galizien und der Bukowina ihr Unwesen getrieben und sie waren es auch, die unter anderem Hekailo, Wienckowski und Acht zum Spionagedienst zu pressen gewusst hatten. Eine dritte Art der Spionenwerbung ist die, an Leute heranzutreten, die sich des Schmuggels oder anderer Verbrechen schuldig gemacht hatten, und unter Zusicherung von Straflosigkeit sie in den Kundschafterdienst aufzunehmen. Zu dieser Kategorie gehören die berühmtesten Spione der Kriegsgeschichte. Friedrich der Große hat den Meisterdieb Andreas Christian Käsebier eigens mit Eilstaffetten aus dem Zuchthause von Stettin holen lassen, damit er vor der Schlacht bei Kolin den Zustand der belagerten Stadt Prag auskundschafte. Auch der

König der Spione, Karl Ludwig Schulmeister, vulgo Charles oder Meinau, der Grand Espion Napoleons I., war 1805 in die Dienste der geheimen französischen Militärpolizei getreten, als sein Straßburger Schmuggelgewerbe verraten war. In gewissem Sinne ist auch Redl als solch ein Opfer seines Vorlebens anzusehen. Zwar ist anzunehmen, dass er als Leiter des Kundschafterdienstes geistig angesteckt wurde. Gibt es eine zwiespältigere Beschäftigung, als Spione anzuwerben und Spione zu entlarven, Spionen Aufträge zu geben und Spione zur Bestrafung zu überantworten! Da – trotz Lassalle – die Arbeit stärker auf den Arbeiter abfärbt als der Arbeiter auf die Arbeit, musste in ihm der Gedanke auftauchen, um wie viel besser er so etwas tun könne als die armen Kerle, die er leicht entlarvte und die trotzdem viel Geld verdienten, mehr als er selbst. Trotzdem aber hätte er sich, ehrgeizig wie er war, niemals zu solchen Diensten hergegeben – wenn er nicht das Opfer einer Erpressung geworden wäre. Als Leiter der Spionage-Anwerbung musste er natürlich von Agenten fremder Mächte überwacht werden, die wissen wollten, mit wem er verkehre. Diese Überwachungsorgane hatten bald das in Erfahrung gebracht, was Redls Vorgesetzte und Untergebene nicht wussten – dass er verbotenen Umgang mit Männern pflege. Verschiedene Umstände weisen sogar darauf hin, dass jener russische Militärattaché, den Kaiser Franz Josef beim Hofball brüskiert hatte, derjenige gewesen war, der Redl – allerdings lange vorher – zum Spionagedienst für Russland gepresst hat. Als der

Russe die Homosexualität seines Gegners erfahren hatte, war Redl verloren, denn der Verrat dieser Anomalie musste ihn den Kragen kosten, während er als gemeiner Verbrecher von Stufe zu Stufe steigen konnte, bis zum Generalstabschef und vielleicht noch höher.

Der Befehl des Platzkommandos Wien, der sich auf die Ausrückung zum Trauerkondukt für den dahingeschiedenen Herrn Alfred Redl, Obersten im K.-u.-k.-Generalstab bezog, war bereits verlautbart, in der Rossauerkaserne übte die Musikkapelle ihre Trauermärsche ein, im Hof exerzierten drei Bataillone die Generaldecharge ein, und die Truppen und Anstalten bestellten Trauerkränze, als am Mittwoch früh der Platzkommandant eine Zirkulardepesche absandte: »Das Leichenbegängnis des dahingeschiedenen Herrn Alfred Redl, ehemaligen Obersten, findet in aller Stille statt. Hiermit sind die mit gestrigem Platzkommandobefehl ausgegebenen Weisungen außer Kraft gesetzt. Bürkl, Oberst, mit Portepee.« Die Leiche wurde obduziert und dann im Wagen auf den Zentralfriedhof geschafft. Kein Offizier hat sie begleitet. Die Begräbniskosten, die des Toten Bruder (der inzwischen seinen Namen geändert hatte), später der Verlassenschaft liquidierte, betrugen 467 Kronen, samt Sarg, Transportkosten und Grab. Auf dem Zentralfriedhof von Wien, im Grab Nummer 38, Reihe 29, Gruppe 79, liegt Alfred Redl begraben.

Die Schriftstücke, Bücher und fotografischen Platten, die mit dem Verrate Redls in Zusammenhang stehen konnten, wurden in einen großen Koffer gepackt, den der Chef des Evidenzbureaus nach Wien mitnahm. Die weiteren Untersuchungen in Prag wurden den Auditoren Dr. Leopold von Mayersbach und Dr. Vladimir Dokoupil übertragen, zum Gerichtskommissär hatte das Kleinseitner Bezirksgericht den Notar Dr. Uhlir ernannt, der die Inventur vornehmen ließ. Es fand sich eine Barschaft von 15184 Kronen 47 Heller, Wertpapiere in der Höhe von 5966 Kronen 38 Heller, Einlagsbücher auf den Betrag von 2685 Kronen 90 Heller, Pretiosen im Schätzwerte von 2618 Kronen und Möbel im Schätzwerte von 3584 Kronen vor, außerdem eine ungeheure Menge von gestickten Wäschestücken (darunter 195 Oberhemden), Garderobe mit zehn Uniformmänteln auf Seide und Pelz, sowie Gummi- und Reitmäntel, Zivilwinterröcke und Ulster, 25 Paar Pejachevich-Hosen, 400 Paar Glacéhandschuhe, 8 Offizierssäbel, 10 Paar Lackschuhe und dergleichen vor. Bloß eine Schusswaffe wurde versteigert: der Browning, mit dem sich Redl getötet hatte, und der natürlich als sein Eigentum agnosziert wurde. Die Bibliothek bestand aus 125 Bänden militärwissenschaftlichen Inhalts.

Die Sattelkammer, wo sich Schabracken, Brustriemen und Kopfgestelle aus Lackleder, silberne Sporen und Steigbügel in Menge vorfanden, sowie das fotografische Laboratorium mit Zeißapparaten, Tessar-Objektiven, Rollfilm-Kassetten, Kopierrahmen, Reflektoren, elektrischen Entwicklungslampen und Stativen, waren die reichstdotierten Teile der Wohnung. Obwohl diese von eigens berufenen Tapezierern einer Wiener Firma eingerichtet war, war sie äußerst geschmacklos. Ebenso wenig zeugten die Nippes von besonderem Geschmack ihres Besitzers: eine alabasterne Frauenfigur im Hermelin zum Beispiel ließ, wenn man auf einen versteckten Knopf drückte, ihren Pelz fallen und stand nackt da!

Im Ganzen wurde die Wohnungseinrichtung gerichtlich auf 33167 Kronen 75 Heller geschätzt, wozu sich noch ein Vollblutschimmel, zwei Halbblut-Reitpferde, die beiden Autos (über die bei der Auktion Witze gemacht wurden: sie hätten keinen Führer-Sitz, sondern einen Redlsführer-Sitz; und diese Autos könnten ohne Chauffeur nach Warschau fahren und dergleichen) und der Grundbesitz Redls in Neustift-Innermanzing als weitere Aktivposten gesellten. Diesem Vermögen standen große Forderungen gegenüber, die Uniformierungsanstalt Szallay in Wien hatte 9038 Kronen, der Pferdefonds des K.-u.-k.-Generalstabs 3200 Kronen zu bekommen, die Bücher waren der Verlagsbuchhandlung L. W. Seidel in Wien nicht bezahlt worden, der Bruder Redls meldete für geleistete Darlehen eine Forderung von 4400 Kronen samt Zinsen an, Möbel-, Wäsche-, Auto-, Fotografie- und Speditionsfirmen, ein Zahnarzt, das Hotel Klomser (dieses verlangte übrigens für Logis, Abnützung und Schadenersatz bloß 450 Kronen) und der Diener stellten sich gleichfalls mit Forderungen ein, sodass die Passiven etwa 45000 Kronen betrugen und die Aktiven weit überstiegen. Am 30. November 1913 verhängte daher das Prager Landesgericht den Konkurs über das Nachlassvermögen.

Da der Nachfolger Redls, Oberst Ludwig Sündermann, die Dienstwohnung beziehen musste, wurde in einem eigens gemieteten Raume in der Kleinseitner Chotekgasse die Versteigerung des Nachlasses vorgenommen, deren Ergebnis hinter den Erwartungen zurückblieb. Demgemäß gelangten an die Gläubiger bloß 14938 Kronen 30 Heller zur Auszahlung, das ist 17 Prozent. Ein Prager Realschüler, der bei der Auktion ein Paket Rollfilms erstanden hatte, entdeckte, dass einer der Films belichtet war. Er entwickelte ihn im Beisein eines Lehrers im physikalischen Kabinett der Schule, wobei die Fotografie eines reservat ausgegebenen Ergänzungsblattes zum res. Dienstbuch J 15 (Kriegsfahrordnung) zutage trat. Der Film wurde dem Korpskommando übergeben, das ihn an das Evidenzbureau des Generalstabs nach Wien weiterleitete. Die Briefe, die mit dem Verrat offenkundig in keinerlei Beziehung standen, bewahrt der Konkursmasseverwalter noch heute auf. Es sind Liebesbriefe von Männern, deren Ungeistigkeit umso auffallender ist, als sich im Allgemeinen bei Homosexuellen ein nervöseres, selbstbeobachtendes Empfinden zu äußern pflegt. Redls Liebhaber waren jedoch junge Offiziere und Soldaten. »Mit Freude ergreife ich die Feder ...«, – so beginnen die meisten und mit Geldforderungen enden sie. Eine Sammlung von etwa dreihundert Visitenkarten füllte eine Lade seines Schreibtisches: durchwegs aristokratische Namen. Auf seine Beziehungen zum böhmischen Adel schien er sich besonders viel einzubilden, die Erlangung des Adelsstandes sein besonderer Ehrgeiz zu sein. Vorläufig hatte er sich damit begnügen müssen, über seine Initialen auf dem Wagenschlag eine Bürgerkrone zu setzen. Zwei oder drei Briefe waren von einer Prager Lebedame, Ludmila H., die als Geliebte des Generalstabschefs galt. Aber sie war eine »fausse maitresse«, nur da, um jeden aufkeimenden Verdacht der Homosexualität zu verscheuchen. Auch von ihr sind Briefe vorhanden, in denen sie Geld verlangt, ohne Umschweife erklärend, dass ihr die Rücksicht auf ihre Freundschaft mit Redl, »die von Dir immerfort verlangte Wahrung des Dekorums« die wichtigsten Einnahmsquellen verstopfe ... Für geistige Betätigungen Redls fanden sich keinerlei Beweise vor. Die vor Kurzem fertiggekaufte Bibliothek militärischen Charakters war nicht bezahlt, die Bücher nicht einmal aufgeschnitten. Andere Bücher hatte er nicht, im Theater war er bloß bei Operetten zu sehen gewesen. Seine Freundschaft mit Dr. Pollak, dem Oberprokurator Österreichs, scheint bloß auf der kriminalistischen Interessengemeinschaft aufgebaut gewesen zu sein. Redl war groß und breit gewachsen, der Schnurrbart aufgezwirbelt, der Blondheit des sorgfältig gescheitelten Haares war mit Färbemitteln nachgeholfen. Er galt als der eifrigste Mann des Generalstabskorps, als der prompteste Aktenerlediger (in Deutschland hatte denselben Ruf schon im Frieden Ludendorff) und dieser Fleiß erscheint noch bemerkenswerter, wenn man dazu die Arbeit seiner Spionage, die Intrigen zu deren Verheimlichung und zur Verheimlichung seiner Gleichgeschlechtlichkeit, die Affären mit seinen geheimen Freunden und seiner öffentlichen Freundin addiert. Es ist kein Zweifel, dass der Profoßensohn Alfred Redl (sein Vater war Verwalter des K.-u.-k.-Garnisongerichtes Lemberg) zu hohen Ehren aufgestiegen wäre, wenn seine klandestine Tätigkeit noch ein weiteres Jahr unentdeckt geblieben wäre, wenn er den Weltkrieg erlebt hätte.

Während Kaiser Franz Josef die ganze Affäre als einen Unglücksfall betrachtete, der die Monarchie betroffen hatte, und gegen den sich nichts mehr machen ließ, stand der Thronfolger Franz Ferdinand auf einem anderen Standpunkt: er fasste die Angelegenheit als für die Armee typisch auf und versuchte mit allen Mitteln, eine Schuld anderer zu konstruieren. Er setzte nun mit Verfolgungen ein, die bis zu seinem Tode dauerten. Von drei Briefen, in die uns Einsicht gewährt worden ist, bezieht sich der erste auf den Redl'schen Selbstmord. Es heißt darin: »... Seine Kaiserliche Hoheit trat sofort auf mich zu, und sagte mir mit erhobener Stimme: ›Es ist unchristlich, einen Selbstmord noch zu begünstigen. Der Selbstmord ist überhaupt unchristlich, und wenn man noch seine Hand dazu bietet (ihn zu ermöglichen), so ist das eine Barbarei! Jawohl, eine Barbarei! Wie darf man einen Menschen ohne letzte Ölung sterben lassen? Auch wenn er zehnmal ein Schweinehund ist! Jeder Kerl, der gehängt wird, bekommt unter dem Galgen die Segnungen der Religion – auf den Galgen hätte übrigens dieser Schweinehund gehört. Ich hätte ihn ruhig baumeln lassen, aber einen Selbstmord zu befehlen, ist unchristlich.‹ Ich erlaubte mir zu bemerken, dass der Selbstmord ja nicht befohlen worden war, aber Seine Kaiserliche Hoheit unterbrach mich ungnädig: ›Nur keine Wortspaltereien! Genug daran, dass man den Selbstmord nicht verhindert hat.‹ Auch darüber war Seine Kaiserliche Hoheit äußerst ungehalten, dass man von der Veranlagung Redls nichts gewusst habe, und wiederholte, es sei ein Skandal, dass so ein Mensch für die Krone (den Orden der Eisernen Krone der dritten Klasse) eingegeben wurde.«

Ein zweiter Brief eines hohen Militärs befasst sich mit der Reorganisation der Kriegsschule und des Generalstabs, die der Erzherzog unter dem Eindrucke der Causa Redl durchführen wollte: »Wie mir aus der Militärkanzlei Seine Kaiserliche Hoheit des Herrn Erzherzogs-Thronfolger intimat mitgeteilt wurde, will Seine Kaiserliche Hoheit eine vollständige Reorganisation der Kriegsschule durchführen. Die Fälle der absolvierten Kriegsschüler Jandric (Spionage), Firbas (Spionage) und Hofrichter (Giftmord), vor allem aber Redls beweisen, dass die Moral dort faul sei. Es müsse mit einem eisernen Besen hineingefahren werden. Gegen die Kompanie- und Divisions-Generalstabschefs und Bureauchefs des Generalstabs richte sich der Groll Seiner Kaiserlichen Hoheit im Besonderen, er verlange Ablösung aller Herren auf diesem Posten und Regeneration des gesamten Generalstabs. Man müsse unbedingt den Adel zum Generalstab heranziehen, man müsse das Vorurteil bekämpfen, dass die Aristokratie nur bei der Kavallerie dienen könne.«

Der Erzherzog verkannte die Gründe für diese Ausartungen

von Kriegsschülern und Generalstäblern. Die Prüfungen und Aufnahmebedingungen in die Kriegsschule waren überaus schwer, der Lehrstoff widerstritt sich innerlich derart, dass im Allgemeinen nur der krankhafte Ehrgeiz Erfolg haben konnte; die besondere Befähigung für ein oder das andere Fach (zum Beispiel zeichnerisches, strategisches, mathematisches oder Sprachentalent) war eher hinderlich als fördernd, da eine solche Sonderfähigkeit zumeist auf Kosten eines anderen Wirkungsgebietes geht. Mit dem gleichen Aufwand an Selbstverleugnung, Energie und Ehrgeiz, der zur Aufnahme in den Generalstab erforderlich war, hätte wohl jeder ebenso gut zum Beispiel Akrobat werden können. Dass solcher Ehrgeiz auch anderweitig ausmünden könne, in verbrecherische Betätigungen um der Karriere oder des Geldes willen, erfasste der Erzherzog nicht und gab lieber der plebejischen Abkunft die Schuld.

Als der Erzherzog die Undurchführbarkeit seiner radikalen Maßnahmen einsehen musste, wandte sich sein verschärfter Groll gegen das Evidenzbureau. Die Äußerung lautet in einem Briefe: »Ich sehe nicht ein, wozu es ein Evidenzbureau gibt, wenn ein Offizier ein oder zwei Automobile besitzt und Orgien feiert, ohne dass so etwas auffällt.« Der Chef des Evidenzbureaus, Feldmarschall-Lieutenant von Urbański, war insbesondere der Zielpunkt der erzherzoglichen Angriffe. Obwohl der Chef des Generalstabs und der Kriegsminister darauf hinwiesen, dass ja das Evidenzbureau seine Pflicht nur allzu gut erfüllt habe, indem es den mit der Technik der Spionenentlarvung so vertrauten Redl selbst entlarvte, war der Thronfolger nicht zu überzeugen und beharrte auf seinen Beschuldigungen. Urbański stellte die Bitte um gerichtliche Untersuchung seines Verhaltens, doch wurde diese abgewiesen. Feldmarschall-Lieutenant von Urbański spricht über die Verfolgungen und Kränkungen, die er durch den Thronfolger zu erleiden hatte, mit großer Bitterkeit. Er hat auf meinen Wunsch den Verlauf dieser ganzen Aktion in einem Memoire niedergelegt, das hier im Wortlaut veröffentlicht wird: »Bei den vielen Berührungspunkten, die zwischen der Militärkanzlei des Thronfolgers und dem Evidenzbureau in jener Zeit latenter Kriegsgefahr bestanden, fühlten ich und mein Personal den Druck des Thronfolgers sehr empfindlich. Exzellenz Conrad von Hötzendorf vertröstete mich mit dem Hinweis auf den oft plötzlichen Stimmungswechsel des Thronfolgers, auf die kommenden großen Manöver, wo sich gewiss Gelegenheit ergeben werde, dem Thronfolger endlich klarzulegen, dass mich keinerlei wie immer geartetes Verschulden treffe. Man legte mir vor allem die Zulassung des Selbstmordes als gegen die christlich-katholische Religion verstoßend zur Last. Die zwingenden Motive, die für den Selbstmord sprachen, waren von allen Kommissionsmitgliedern anerkannt worden – ich war nicht der Älteste unter ihnen und doch griff der Groll des Thronfolgers gerade mich heraus!

Ich hätte Redls Leidenschaft erkennen sollen, mir hätte sein angeblicher Aufwand, speziell sein »Autohalten« auffallen sollen. Redl war Junggeselle, hatte die vollen Gebühren eines Oberst-Generalstabschefs, es war ihm im Korpskommando-Gebäude in Prag eine Wohnung und Stall unentgeltlich eingeräumt worden; er verfügte daher über reichliche Einkünfte. Übrigens wusste ich aus seiner Qualifikationsliste, dass er vor Jahren eine kleine Erbschaft gemacht hatte, ich hatte ihn mit dem Vermerk übernommen, ›besitzt eigenes Vermögen‹. Solange er mein Untergebener war, hat Redl kein Auto besessen, später, bei der Truppendienstleistung in Wien und sodann als Generalstabschef in Prag konnte man mich für seinen Lebenswandel nicht verantwortlich machen. Die Konzentration der Wut des Thronfolgers auf meine Person war geradezu pathologisch, es sollte noch ärger kommen. Bei den großen Manövern des Jahres 1913, die in der Gegend von Tabor stattfanden (hier trat übrigens der Thronfolger ganz besonders hervor, indem er plötzlich am zweiten Manövertag die Gefechtstätigkeit einstellen ließ und über den Kopf des gänzlich verblüfften Chefs des Generalstabes und der Manöverleitung eine ganz neue Annahme ausgab, in der ein heute ganz besonders komisch wirkendes ad hoc zusammengestelltes ›Kavalleriekorps‹ auch eine Rolle spielte), führte ich, wie in den Vorjahren, das ›Attachéquartier‹, das ist die Vereinigung aller fremdländischen Offiziere, die als Gäste den Manövern beiwohnten. Bei der Vorstellung der fremden Offiziere war der

Thronfolger ganz gegen seine bisherige Gewohnheit bei solchen Anlässen abweisend kühl gegen mich, reichte mir nicht wie sonst die Hand, sprach nicht mit mir, sodass es die fremden Offiziere als offenen Affront gegen mich auffassten. So ging es nach den Manövern fort, bis einige Monate später ein Ereignis den Zorn des Thronfolgers von Neuem anfachte: aus dem Nachlasse Redls hatte ein Prager Schüler einen fotografischen Apparat erstanden, worin noch ein nicht entwickelter Film lag. Dieser wurde entwickelt und produzierte eine Seite einer Mobilisierungs-Instruktion.

Eine Zeitung brachte die Nachricht mit der Sensationsmeldung, der Film enthielte einen wichtigen Befehl des Thronfolgers an das 8. Korpskommando in Prag. Nach wenigen Stunden lag schon der telegrafische Befehl aus Konopischt vor, ›gerichtliche Untersuchung, die Schuldigen auf das Strengste zu bestrafen‹. Obwohl ich auf den Gang der gerichtlichen Untersuchung des Falles Redl, die in Prag geführt wurde, organisationsgemäß gar keinen Einfluss nehmen konnte, hatte ich mich veranlasst gefühlt, den Rat zu erteilen, dass das Gericht eine Schadensumme festsetze, die aus der verräterischen Tätigkeit Redls für die Heeresverwaltung entstanden ist, womit ich erreichen wollte, dass der ganze Nachlass Redls an die Heeresverwaltung verfalle. Ich fand es vom ethischen Standpunkte nicht angängig, dass sich Erben aus diesem auf verbrecherischem Wege erworbenen Gelde bereichern, ganz besonders lag mir daran, dass nicht eventuell

Dinge, die mit Redls Spionage-Tätigkeit zusammenhingen und die trotz eifrigster Sichtung immerhin durch einen bösen Zufall noch vorhanden sein könnten, auf dem Wege der Versteigerung in unrechte Hände kämen, wo sie neues Unheil anrichten konnten. Die Heeresverwaltung hätte dann mit dem Nachlass disponieren können, Unnützes vernichten, Geld oder Geldeswert einer wohltätigen Sache zuwenden können oder dergleichen. Das Gericht hat aus mir unbekannten Gründen meinen Vorschlag nicht akzeptiert; so kam es, dass der ganze Nachlass Redls zur Versteigerung an den Notar gelangte. Als ich hiervon erfahren hatte, ließ ich (wiederum in Form eines Rates) das Korpskommando aufmerksam machen, dass der Nachlass vor Übergabe an den Notar einer gründlichen Sichtung vom Standpunkte der Spionagetätigkeit Redls unterzogen werde. Das Korpskommando hatte, diesem Rate folgend, eine Kommission zur Durchsicht des Nachlasses bestimmt – und dennoch konnte es geschehen, dass niemand daran dachte, den fotografischen Apparat, das wichtigste Corpus delicti näher zu untersuchen. Trotzdem alle diese Tatsachen dem Thronfolger bekannt wurden, war er jetzt mehr denn je von meiner Schuld überzeugt, wieder half keine Einsprache des Chefs des Generalstabes, des Kriegsministers, nicht die Ergebnisse der gerichtlichen Einvernahmen – es war umsonst, man stand vor einer Wand!

Die Prager Auditoren wurden in Strafgarnisonen versetzt, mich konnte man nicht so schnell absägen, bevor man einen eingearbeiteten Nachfolger besaß. Im Januar 1914 erhielt ich die amtliche Verständigung, dass ich im Laufe des Jahres 1914 ein Brigade-Kommando erhalten werde, weshalb ich sofort die Ablösung des Militärattachés in Bukarest, Oberst von Hranilovic, als meinem Nachfolger in die Wege zu leiten habe, weil der Chef des Generalstabes Wert darauf lege, dass wir bei der Reichhaltigkeit der Materien mindestens ein halbes Jahr zusammen arbeiten.

Es nahte Ostern 1914. Unser Gesandter in Cetinje, Freiherr von Giesl (der Jüngere) lag nach einer schweren Operation in einem Sanatorium in Berlin. Die politischen Wogen gingen noch immer sehr hoch, die Abwesenheit unseres Gesandten gerade auf diesem heißen Boden wurde sehr schwer empfunden: Seine Majestät der Kaiser wünschte die baldigste Rückkehr Giesls auf seinen Posten. Kaum reisefähig, eilte Exzellenz Giesl nach Cetinje. Um diese Zeit erhielt mein Bureau von mehreren Seiten Andeutungen, dass montenegrinischerseits Attentatsabsichten gegen den Gesandten bestünden, um künstlich die Situation zu verwirren, und zwar sollten diese Angriffe gegen unseren Gesandten während seiner Reise noch auf österreichischem Gebiet erfolgen. Ich erhielt den Auftrag, dafür zu sorgen, dass Exzellenz von Giesl ungestört nach Cetinje gelange, weil die Folgen sonst unabsehbar seien. Ich fuhr in die Bocche di Cattaro. Gesandter von Giesl wurde aus dem Eildampfer noch auf See auf ein Torpedoboot gebracht, landete in der Marinestation, von wo er ungefährdet auf seinen

Dienstposten gebracht wurde. Während des Aufenthaltes des Schiffes in Spalato hatte ich erfahren, dass der Posten des Brigadiers in Spalato bald frei würde. – Die Aussicht, nach Jahren aufreibender Arbeit an der Zentrale, ein ruhiges Provinzleben zu führen, hatte mich so gepackt, dass ich noch am Tage meines Eintreffens in Wien, am 10. April 1914, den Kriegsminister um die Vormerkung für das Brigadekommando in Spalato bat. Zu meiner größten Überraschung eröffnete mir der Kriegsminister, er hätte einen mich betreffenden, bestimmten Befehl des Thronfolgers, den er zwar nicht ausführe, aber es sei eben der Antrag des Kriegsministeriums gemacht worden, mir das Brigadekommando Semlin (an der serbischen Grenze) zu geben, dort hätte ich Gelegenheit, mich zu ›rehabilitieren‹! Also noch immer der alte Groll, – es war nutzlos, die starre Natur des Thronfolgers konnte sich keinem fremden Urteil fügen.

Am 29. April 1914 kam endlich der Schlussakkord dieser nur pathologisch zu erklärenden Verfolgung. Auf ein Glockensignal des Chefs des Generalstabes erschien ich ahnungslos wie alle Tage zum Vortrag. Mit Zeichen sichtlicher Erregung eröffnete mir Exzellenz von Conrad, dass er mir einen Befehl des Thronfolgers vorzulesen habe. Das Schriftstück hatte meritorisch folgenden Wortlaut: ›Ich bin zu der unumstößlichen Ansicht gelangt, dass die Energie und geistige Spannkraft des Oberst von Urbański in derartigem Maße gelitten haben, dass er für eine aktive Verwendung nicht mehr in Betracht kommt und ist er der Superarbitrierung zu unterziehen.‹ Ich fand so viel Fassung, lediglich zu erwidern: ›Ich hoffe, dass ich in diesem ungleichen Kampfe der vornehmere Teil bleiben werde.‹ Dann nahm die Komödie ihren Fortgang – mit dem Arzt wurde ein Kompromiss geschlossen. Ich war, Gottlob, ganz gesund, so einigten wir uns denn auf eine ›Nervosität mittleren Grades, die im Verlaufe eines halben Jahres zweifellos behoben sein wird‹. Diesen weisen medizinischen Ausspruch eigneten sich auch die beiden Ärzte der Superarbitrierungs-Kommission an, worauf der Präses der Kommission den verabredeten Antrag auf Beurlaubung des Obersten von Urbański auf sechs Monate mit Wartegebühr stellte. So war es zwischen dem Chef des Generalstabes, dem Kriegsminister und mir besprochen, denn ein offener Widerstand gegen den Befehl des Thronfolgers schien ganz aussichtslos, die Zeiten nicht danach angetan, dass diese Funktionäre wegen meiner Person die Kabinettsfrage stellten. Ich leistete nun keinen Dienst mehr, wickelte meine persönlichen Angelegenheiten ab, um die Zeit bis zur Entscheidung meines Schicksals auf dem Besitze meiner Frau bei Graz zuzubringen. Doch ich sollte auch da nicht zur Ruhe kommen. Die Kunde meines plötzlichen Abganges hatte sich in Wien verbreitet, er wurde in der Presse kommentiert, Parlamentarier verschiedener Schattierung beider Reichshälften, namentlich die nicht seltenen Gegner des Thronfolgers suchten mich auszuholen, führende Militärs forderten Aufklärung. Unter anderen lud mich ein Erzherzog zu sich. Auf die Aufforderung, ihm die volle Wahrheit über meine Maßregelung ungeschminkt zu sagen, suchte ich mich durch den Hinweis auf das Amtsgeheimnis zu entziehen, das mir ein Gespräch über dieses Thema verbiete. Hierauf erwiderte mir der Erzherzog, er frage nicht aus Neugier, dann kam ein Satz, der mich durch seine Offenheit verblüffte: ›Ihnen kann es schließlich gleichgültig sein, ob Sie in absehbarer Zeit in Ihrer Kappenrosette das Emblême F. J. I. oder W. II. tragen ... ja, ja, wir Habsburger sind uns darüber klar, dass unser Thron auf schwanker Basis steht, dass unsere einzige Stütze die Armee ist. Wenn diese in ihrem Vertrauen zur Dynastie erschüttert ist, dann ist es um uns geschehen. Willkürakte, wie sie vom Thronfolger schon kursieren, und auch in Ihrem Fall vorzuliegen scheinen, sind nur zu geeignet, das Vertrauen in der Armee zu untergraben ...‹ Mir war zur Genüge bekannt, dass bei Hofe eine Richtung bestand, die dem Thronfolger die Eignung für die Nachfolge abzusprechen bestrebt war – mein Fall sollte dazu beitragen, den Beweis für diese Nichtbefähigung zu erhärten. Ernster war meine Aussprache mit dem Vorstand der Militärkanzlei Seiner Majestät des Kaisers Freiherr von Bolfras. Als der Superarbitrierungsakt über mich in seine Hände kam, ließ er mich zu sich bitten und empfing mich mit den Worten: ›Lieber Urbański, haben Sie einen Silberlöffel gestohlen, dass man Sie plötzlich davonjagen will?‹ Als ich Exzellenz Bolfras die Gründe für meine Versetzung in das nichtaktive Verhältnis mitgeteilt hatte, erklärte er auf das Entschiedenste, den Akt Seiner Majestät nicht vorlegen zu können. Der Kaiser hätte mich in frischester Erinnerung aus vielfachen Anlässen in den letzten Jahren. Ich war 1908 als adjoint militaire d'Autriche-Hongrie der Reform-Gendarmerie für Mazedonien in Uesküb tätig gewesen, als die Revolution in der Türkei losbrach, ich hatte dort den ersten Ansturm der serbischen Wut anlässlich der drohenden Annexion Bosniens und der Herzegowina durchzuhalten gehabt, Seine Majestät hatte persönlich meine Ansichten über die voraussichtlichen Folgen der Annexion angehört.

Während der folgenden Jahre hatte mein Bureau täglich die informierenden Berichte über die laufenden kriegerischen Verwickelungen, Balkankrieg, Tripolis-Feldzug und so weiter geliefert, die schon um vier Uhr früh in Schönbrunn sein mussten, wenn der Kaiser sein Tagewerk begann. Während meiner Bureauführung hatten zwei russische Militärattachés der Botschaft in Wien, durch das Evidenzbureau der Spionage überführt, ihren Posten verlassen müssen, – kurz, ich stand beim Kaiser in lebhafter Erinnerung, hatte er mir doch zu Weihnachten 1913 den Leopolds-Orden, eine für einen Oberst recht seltene Auszeichnung, verliehen und im Januar 1914 entschieden, dass ich im Laufe des Jahres auf einen Generalsposten zu gelangen habe. Und nun plötzlich die Pensionierung, – der Kaiser werde unbedingt nach den Gründen fragen. Antworte man ihm wahrheitsgemäß, dass das ein

Willkürakt des Thronfolgers gegen alle Vorstellungen der verantwortlichen Männer sei, dann sei, bei dem bekannten gespannten Verhältnis zwischen Kaiser und Thronfolger, ein schwerer Konflikt unvermeidlich, und dieser sei angesichts des leidenden Zustandes des Kaisers nicht zu riskieren. So blieb denn das Aktenstück in der Lade Exzellenz von Bolfras' liegen. – Dort lag es noch unerledigt, als der Tod den Thronfolger ereilte, und meine Angelegenheit hierdurch in ein anderes Stadium trat. Der Chef des Generalstabes hatte sich lange gegen die Abhaltung der Manöver in Bosnien und noch mehr gegen den darauf geplanten feierlichen Einzug des Thronfolgers mit seiner Gemahlin in Serajevo gewehrt; waren doch in meinem Bureau wiederholt Warnungen eingetroffen, die fast mit Gewissheit serbischerseits feindselige Handlungen erwarten ließen. Trotz all dem setzte der Thronfolger das politische Besuchsprogramm für Bosnien durch. Der Chef des Generalstabes musste als solcher den Manövern beiwohnen, an dem folgenden politischen Akt wollte er auf keinen Fall teilnehmen, weshalb eine Generalstabsreise in Hoch-Kroatien so angesetzt wurde, dass der Chef den Thronfolger unmittelbar nach Schluss der Manöver verlassen musste. Auf dem Wege nach Lika, dem Ausgangspunkt dieser Reise, traf ihn die Nachricht des Serajevoer Mordes und der Befehl sofort nach Wien zu kommen. Unmittelbar nach seiner Ankunft in Wien verständigte mich Exzellenz von Conrad, dass meine Angelegenheit nunmehr eine andere Wendung genommen habe; wenige Tage später kam ein Schreiben des Kriegsministeriums gleicher Mitteilung, mit dem Antrage, mich auf einem dreimonatigen Urlaub von meinen Aufregungen und Kränkungen zu erholen. Unterdessen brach der Krieg aus, ich zog als Kommandant einer Brigade ins Feld, und erhielt bald das Kommando derselben Division, die ich bis zum Schluss geführt habe.« Damit schließt das Memoire, aus dessen Fassung nicht bloß die Verteidigung seines Autors, sondern auch des ganzen Generalstabes spricht. Sie billigt nicht allein die Haltung »des Chefs«, der einen seiner Untergebenen einfach zum Selbstmord kommandiert hat, sondern auch den Verräter-Spion Redl zu entlasten versucht, von dem Urbański auch im Gespräche behauptet, dass er nichts Entscheidendes gewusst und keine aktuelle Kriegsvorbereitung verraten habe. Das Memoire ist eben ein Dokument des »flaschengrünen Korpsgeistes«, mit dem sich die Korpsbrüder vom österreichisch-ungarischen Generalstab als höchste Klasse der Militärkaste fühlten und sich nur von ihrem Senior befehlen ließen. (Auch den Tod.) Sie verachteten die Truppe, sie missachteten das Rechtsgefühl, wenn es sich um einen der Ihren handelte, und sie achteten auch des Thronfolgers und seiner Militärkanzlei nicht – sie duldeten keine Einmischung in interne Korpsangelegenheiten. Immer war die Prätorianergarde mächtiger als der Regent. Selbst der Weltskandal der Redl-Affäre gab dem Erzherzog Franz Ferdinand keine Handhabe, trotz aller Mühen und Anstrengungen einen ihm (allerdings grundlos) missliebigen Oberst zu beseitigen, im Gegenteil, der Offizier wurde noch durch den Leopolds-Orden ausgezeichnet und für den Generalsrang vorgeschlagen; ja, der endlich erwirkte Superarbitrierungsakt wurde dem Kaiser nicht zur Unterschrift vorgelegt und wie ein Hohn der Überlebenden klingt die ostentativ schnelle Zurücknahme dieses Aktes nach der Ermordung des Thronfolgers. Natürlich war die Haltung des Erzherzogs von der Wut darüber bestimmt, dass seiner Macht die Macht des Generalstabs gegenüberstand, und seinem Hochmut der Hochmut der doppelreihigen flaschengrünen Waffenröcke. Der Generalstab ließ keinen der Seinen vor ein Militärgericht stellen, kein Auditor durfte einen Generalstäbler verurteilen, – deshalb Redls Selbstmord. Offenbar hatte Oberst Redl auch um alle entscheidenden Mobilisierungsmaßnahmen der Armee gewusst und um alle aktuellen Kriegsvorbereitungen. Denn voreinander hatten die Mitglieder der Bruderschaft kein Geheimnis. Und verraten musste Redl, auch wenn er nicht aus Geldgier gerade die besten Nachrichten hätte liefern müssen, das, was man von ihm wollte. Er war österreichisch-ungarischer Generalstabschef und russisch-italienisch-serbischer Spion. Mit einem einzigen Wort konnte man ihn zwingen.

So einzigartig der Kriminalfall Redl auch scheinen mag – er wird sich immer in irgendeiner Form wiederholen. Denn die Staaten sind selbst die Auftraggeber dieses Verbrechens, das die Staaten selbst bestrafen, mit dem Tod durch den Strang oder mit der Verbannung nach der Teufelsinsel oder mit dem Kommando zum Selbstmord.

THANK YOU FOR READING.

NEW BOOK. NEW READING. NEW JOY.

LARGE PRINT EDITION

www.reprintpublishing.com